KB049181

직 장 인
자기경영
프로젝트

직장인
자기경영 프로젝트

초판 1쇄 인쇄 _ 2022년 3월 30일
초판 1쇄 발행 _ 2022년 4월 5일

지은이 _ 박성하

펴낸곳 _ 바이북스
펴낸이 _ 윤옥초
책임 편집 _ 김태윤
책임 디자인 _ 이민영

ISBN _ 979-11-5877-289-5 03190

등록 _ 2005. 7. 12 | 제 313-2005-000148호

서울시 영등포구 선유로49길 23 아이에스비즈타워2차 1005호
편집 02)333-0812 | **마케팅** 02)333-9918 | **팩스** 02)333-9960
이메일 bybooks85@gmail.com
블로그 https://blog.naver.com/bybooks85

책값은 뒤표지에 있습니다.

책으로 아름다운 세상을 만듭니다. ― 바이북스

미래를 함께 꿈꿀 작가님의 참신한 아이디어나 원고를 기다립니다.
이메일로 접수한 원고는 검토 후 연락드리겠습니다.

"도전하라! 1%의 가능성에도 기회는 있다"

직 장 인
자기경영
프로젝트

박성하 지음

바이북스
ByBooks

직장 생활하며 학위 따는 게 가능할까. 유학 가는 게 가능할까. 재테크가 가능할까. 이 책은 이런 질문들을 '어떻게 학위를 딸까' '어떻게 유학 갈까' '어떻게 재테크할까'라는 질문으로 바꿔준다. 이 책은 강력한 동기부여와 함께 실행의 방향성을 제시한다. 읽는 것만으로도 가슴이 뜨거워진다.

_ **홍재형** 상무(효성티엔씨 철강2PU장)

직장인도 부자로 살 수 있다. 직장인도 사업할 수 있다. 직장인도 원하는 분야의 전문가가 될 수 있다. 직장인의 삶을 더 풍성하게 만드는 법. 그게 어떻게 가능한지 이 책이 말해준다.

_ **유성진** 팀장(포스코인터내셔널 미국법인)

일하며 공부하는 게 물론 쉬운 일은 아니다. 하지만 끝까지 해본 사람만 아는 게 있다. 그게 얼마나 큰 성취감과 자부심을 안겨주는지 이 책을 통해 꼭 확인해보시길 바란다. 저의 유학 여정을 회상하며 작가에게 존경과 찬사를 보낸다.

_ **김영근** 교수(고려대학교)

남미 출장에서 애국자의 마음으로 영업한 모습이 내겐 정말로 인상적이었다. 저자와의 추억을 이 한 줄로 담을 수밖에 없어 안타깝다. 많은 사람들이 이 책을 통해 직장생활의 가치를 되짚어보게 될 것이다.

_ **최환택** 상무(포몰텍, 前 포스코 부장)

그의 손에 늘 들려 있던 수첩 속에는 32년의 도전과 열정의 기록이 담겨 있다. 함께 벤처에 도전하며 많은 걸 배우고 나누었다. 이 책은 '도전' 그 자체다.

_ **오해근** 총괄(포스코 자동차소재마케팅실)

'나의 꿈은 무엇인가' 그리고 나는 그 꿈을 위해 '지금 무엇을 하고 있는가'. 이 책은 그 질문에 대한 답이 될 것이다.

_ **박형철** 대표(학교앞거북이 출판사, 포항문화재생활동가)

'어떤 도전이든 포기하지 않고 끊임없이 도전한다면, 결국 가치
를 인정받는다.'

이 신념을 인생에 투영하고 그것이 옳다는 사실을 증명하는 데
32년이 걸렸다. 그리고 이 책은 그 32년간의 증거들을 요약해서 담
은 것이다. 많은 직장인들이 매너리즘에 빠지고, 젊은 시절 꾸었던
꿈을 가슴에만 묻은 채 살아간다. 직장생활은 따분하고 목표 중심
으로 돌아가는 분위기는 늘 스트레스가 된다. 그래서 많은 사람들이
'직장에 목매지 마라.' '인생 2막부터 준비해라.'라고 이야기한다. 하
지만 나는 이 책을 통해 그런 얘기를 하고 싶은 건 아니다.

직장생활은 참 고단하다. 그 고단함을 인정하고 지속해 나가야
한다. 당장 그만두고 다른 길을 택하기엔 참 생각이 많아진다. 그런
우리에게 내 삶을 들여다볼 수 있고, 쉽지 않은 도전을 할 수 있고,
꿈을 실천해볼 수 있는 기회가 있다면 어떨까. 부를 이루고, 사업도
해보고, 공부도 해볼 수 있다면 말이다.

이 책은 모든 직장인에게 일과 삶에서 자신의 길을 찾아 꿈을 성
취하도록 동기를 부여하는 데 그 목적이 있다. 그래서 '직장 내에서
무엇이든 해보라.'라는 말이 책 속에 자주 등장할 것이다. 실제로 나

는 20대에서 시작해 50대 중반까지, 내 인생 대부분을 오직 직장생활에만 쏟아부었다. 아마 나와 같은 시점에 있는 사람이 많을 것이며, 지금 그 길을 걷는 중인 사람도 있을 것이다. 잘 나가던 동료들처럼 승승장구해서 임원이 된 것도 아니고, 일찌감치 사업을 벌여 큰돈을 번 것도 아니지만 긴 직장생활을 마무리하는 지금, 내 인생이 나쁘지 않았다는 생각을 한다. 아니, 어쩌면 꽤 성공했다는 생각을 한다. 나는 제대로 내 삶을 경영했고, 누구보다 치열했으며, 포기한 것이 있는 만큼 충분히 값진 것들을 얻었다고 생각하기 때문이다.

40~50대를 지나는 중년 남성들은 많이 외롭고, 서글프고, 허무해한다. 오직 가족과 회사를 위해 달려온 삶이 갑자기 공허하게 느껴지는 것이다. 지금껏 내가 뭘 하고 살았지? 뭘 위해 이렇게 열심히 달려왔지? 꿈 많던 꼬마, 젊은이는 어디로 갔을까 하고 말이다. 취미라고는 동료들과 술 마시는 것이 전부였던 시간을 지나 보면 이런 생각이 들기 마련이다. 그러나 별로 한 것도 없는 것 같은 일주일을 보내고 나면, 주말엔 소파를 차지하고 누워 보내기 일쑤고 다시 월요일이 시작되는 식으로 일생은 흘러간다.

많은 걸 이루지 못했지만, 나 자신이 꽉 찬 인생을 살았다고 여기는 것은, 여느 중년들과 달리 나는 내 시간을 충분히 내 것으로 운영했기 때문이다. 책 속에 구체적으로 담겨 있지만 나는 직장에 다니며 오랜 꿈이었던 박사학위를 따고, 입사 전에 쌓지 못한 중요한 스펙을 모두 쌓고, 유학을 다녀왔으며, 주재원 생활로 충분한 해외 생활을 누렸고, 재테크에 성공했으며 두터운 인간관계를 만들었다. 아마 이것만으로도 이 책을 읽어야 할 이유는 충분할지 모른다. 적어도 나는 지금 퇴직 후 제2의 인생을 살기 위한 계획으로 충만하며, 내가 선택한 길에 대한 후회보다는 만족감으로 가득 차 있기 때문이다.

다소 자뻑으로 여겨졌을지 모르겠고 중년 이상의 독자들이 주로 공감할 내용일지는 모르나, 젊은 친구들도 새겨들을 말이 제법 있을 것이다. 예전과 같은 평생 직장이 아니고 은퇴가 아닌 이직이 선택이 아닌 필수처럼 느껴지는 시대이기 때문이다. 이 책은 동기부여가 목적이므로 꼭 이야기해주고 싶다. 그것이 직장이든, 직장 밖이든 내 시간은 오롯이 나의 것이라고 말이다. 따라서 그것을 누가 대신 주도하게 하지 말고 후회도 만족도 내 것으로 만들고 내가 책임지겠다는 생각으로 핸들을 잡길 바란다. 내비게이션은 가슴에 묻은 꿈과 자아실현에 대한 욕구와 나 자신을 사랑하는 마음이 될 것이다. 그것이 이끄는 대로 열심히, 치열하게 도전하고 성취해내길 바란다. 그리고 이 모든 것이 직장생활을 하며 가능하다는 것, 이 책은 바로 그 이야기가 핵심이다.

현재 직장에서 오늘, 당신은 어디에 있는가?
그리고 퇴직 후 오늘, 당신은 어떤 삶을 살고 있을 것인가?

이 책을 읽고 나면 이 질문에 대한 답을 할 수 있게 되길 바란다. 진짜 루저는 실패한 사람이 아니라 도전을 해보지 못한 사람이며, 구경만 하다 두 마리 토끼는커녕 한 마리도 제대로 잡지 못한 사람이다. 이도 저도 아닌 사람이 아닌 '자신의 길을 찾아 과감하게 꿈을 실행하고 성취하는 삶'을 살기를 바란다. 이 책을 열고 있는 당신에게 이미 그 길이 열렸음을 믿는다.

2022년 1월, 포스텍 체인지업 그라운드에서
박성하

차례

Part 1. 자신의 부를 경영하는 직장인 되기
: 월급에 만족하지 말고 직장 내에서 부를 얻을 방법을 찾아라

Part 5. 자신의 꿈을 경영하는 직장인 되기

: 퇴사 전에 준비해야 할 것들

Part **1**

자신의 **부**를
경영하는
직장인 되기

월급에 만족하지 말고
직장 내에서 부를 얻을 방법을 찾아라

도중에 포기하지 말라

망설이지 말라

최후의 성공을 거둘 때까지 밀고 나가라.

_헨리 포드

Chapter 01

모든 직장인은 끝이 있다

석 달 동안 원인을 알 수 없는 복통으로 속이 불편했다. 올해 들어 갑자기 나타난 증상이었다. 내가 수시로 고통스러워하자 아내는 검진을 받아보라 재촉했다. 나 역시 두려움이 들었다. 암이라도 걸린 것은 아닐까 생각이 든 것이다. 결국 나는 종합검진을 받았고, 결과는 위염을 동반한 역류성식도염이었다. 큰 병은 아니었기에 약을 복용하는 것으로 상태는 호전될 수 있었다. 하지만 속이 불편한 것과 별개로, 자주 신경질적인 면을 보이게 되는 것과 숙면을 취하지 못하는 증상은 계속 이어졌다. 심지어 나는 책이나 신문조차 가만히 앉아 읽을 수가 없었다. 문득 이런 상태가 계속되는 것이 심리적인 문제일지도 모르겠다는 생각이 들었다. 시간을 갖고 가만히 고민해본 끝에 나는 이 문제의 근본적인 원인을 떠올릴 수 있었다. 바로 퇴직이었다. 퇴직을 눈앞에 두고 있었던 나는 아침마다 출근할 곳이 사라진다는 것, 그 사실에 불안해하고 있었다.

베이비부머 세대인 많은 선배들이 매년 퇴직을 하고 있다. 나는 이미 지난해 말에 정년퇴직한 선배를 통해 '퇴직을 앞둔 직장인'이 갖게 되는 불안감의 수준을 있는 그대로 보고 느낄 수 있었다. 그는 내게 "아직 일할 곳을 찾지 못했어." "잠도 잘 안 와." "어디 일할 곳 없을까?" "걱정되고 초조해 죽겠어."와 같은 말들을 수시로 하곤 했다. 나는 그런 선배에게 "충분히 일했으니 이제는 쉬며 취미생활이나 봉사활동을 하며 지내보세요."라고 말했지만 그는 결국 퇴직이 무섭게 하청회사에 취직하는 길을 택했다. 그렇다. 퇴직을 하고서도 쉬는 시간을 일절 갖지 않고 출근을 이어가는 삶을 선택한 것이다. 당시의 나는 그런 선배를 이해할 수 없었기에 '선배들처럼 저러지 말아야지.' 하고 다짐했다. 그러나 이게 웬걸. 막상 퇴직을 눈앞에 두게 되자 나 역시 그와 별 다를 바 없는 모습을 보이고 있었던 것이다.

나는 약 30여 년간 직장에서 근무했기에, 노후생활을 보내는 데에 있어 금전적으로 부족할 걱정은 없었다. 그러니 퇴직하고 나면 건강관리에나 신경 쓰며, 가족이나 친구들과 즐거운 시간을 보내면 그만일 것이라 생각했다. 아마 대부분의 직장인들이 퇴직을 맞닥뜨리기 전까지는 나와 같은 생각을 할 것이다. 하지만 퇴직을 눈앞에 두면 생각이 달라진다. 불과 1년 전까지만 하더라도 '퇴직한 뒤에 왜 돈벌이를 위해 일자리를 찾아?' '왜 아침마다 갈 곳이 없다는 사실에 불안해하며 갈 곳을 찾아 헤맨다는 거야?'라는 생각을 했던 스스로가 무안해질 정도로 말이다. 그만큼 나는 선배들의 전철을 고스란히 밟고 있었다. 그랬다. 다른 누구도 아닌 내가 '퇴직을 하고 나면 매일 아침 어디로 가서 무엇을 해야 하지?'라는 생각에 불안함을 느끼고 있었던 것이다. 대체 무엇이 그렇게 나를 불안하게 만드는 걸까? 그토록 갈구하던 자유를 얻었는데. 지난 몇십 년간 유지해오던 생활패턴이 깨진다는 것 때문일까? 마치 가축을 야생으로 보내면 다시 우리로 돌아오는 이치처럼?

회사는 우리에게 어떤 의미일까

퇴직을 눈앞에 두니 문득 회사에 입사하던 때가 떠올랐다. 때는 1989년 3월, 내가 입사한 첫 직장은 포스코였다. 당시는 산업 부흥기였기에 누구나 자신이 원하는 회사에 입사할 수 있었다. 그렇게 처음으로 사회생활을 시작한 이후 지금까지, 나는 많은 지역과 부서에서 다양한 사람들과 어울리며 업무를 맡았다. 솔직하게 말하건대, 나는 직장생활을 하면서 나름대로 하고 싶은 것도 많이 하고 농땡이도 제법 피우며 직장생활을 즐겼다. 물론 직장생활이 늘 즐겁기만 했던 건 아니었다. 때로는 넘을 수 없을 것 같은 고비에 쓰러져버릴 만큼 힘든 시간도 있었고, 처음으로 맞게 된 부서 이동과 업무에 적응하느라 눈물을 쏙 뺄 정도로 고생하기도 했다. 또 수시로 '다른 일을 해보면 어떨까?' '내 사업을 해보면 더 큰 돈을 벌 수 있지 않을까?' '다른 회사에 가면 더 좋은 사람들이 있지 않을까?' 하는 고민도 했더랬다. 그렇게 어느덧 정년을 4년 앞두게 된 2021년 5월, 나는 명예퇴직을 신청하여 1년간 자기계발 휴직에 들어가게 되었다.

　회사에서의 마지막을 눈앞에 둔 내게 처음 떠오른 생각은 '나름대로 괜찮은 직장생활을 한 것 같네.'였다. 그래서였을까? 나는 사회에 적응할 수 있는 시간을 가질 수 있도록 배려해준 회사에 진심으로 고마움을 느꼈다. 그럼에도 불구하고 퇴직을 마주하게 된 내가 느끼는 심란함은 결코 작은 것이 아니었다. 문득 이처럼 삶을 즐기며 만족스런 직장생활을 했던 나조차 불안함을 느끼는데 다른 사람들은 어떠할까 하는 생각이 들었다. 잠자는 시간을 제외하면 가족과 함께할 시간조차 내팽개치고 회사에 인생을 올인한 사람들, 자기 꿈이라는 건 생각조차 못 하고 삶의 모든 것을 일에 쏟으며 퇴직하기 직전까지 회사에 모든 것을 바친 사람들. 그들은 퇴직을 앞두고 얼마나 큰 불안함과 심란함을 느끼겠는가 말이다. 아마 내가 앓는 역류성식도염과는 비교도 안 될 만큼의 심적·육체적 고통을 겪으리라.

　'회사란 우리에게 어떤 의미일까?' 퇴직을 눈앞에 두고서야 나는 처음으로 이런 생각을 하게 되었다. 과연 회사란 우리가 일생의 모든 것을 바칠 정도로 가치가 있는 것일까? 물론 회사를 위해 일한다는 것은 충분한 가치가 있다. 그러나 '나'라는 사람과 맞바꿀 정도로, 나의 꿈과 가족 모두를 맞바꿀 정도의 가치가 있을까? 아마 누구도 이 질문에 대해서는 쉽게 답을 하지 못할 것이다.

당신의 끝은 어느 부류에 속하는가?

우리는 '퇴직 후의 삶'에 대해 생각해보아야 한다. 퇴직을 눈앞에 두기 직전이 아니라 조금 더 일찍부터 말이다. 이에 대해 한 번쯤 생각해보고 이야기해보자는 것. 이것이 내가 이 책을 쓰게 된 이유다. 나 역시 신입사원일 때는 직장생활이란 것이 '끝이 없는 삶'인 것만 같았다. 그러나 언제나 모든 일이 그렇듯, 끝이란 존재하더라. 지금 내가 30여 년에 달한 직장생활에서 끝을 맞이하게 된 것처럼 말이다.

그토록 자유를 갈망하던 지난 과거의 내가 무색할 정도로, 가장 먼저 든 생각은 '이제 뭘 어떻게 해야 할까?'였다. 정말이지 막막한 느낌과 수많은 생각들이 머릿속을 헤집어놓았다. 회사를 완전히 떠난다는 것이 마치 긴 시간을 함께한 가족이나 친구와 헤어지는 듯한 느낌이었던 것이다. 그래서일까? 서글픈 느낌 역시 많이 들었다. 하지만 적어도 나는 앞서 언급했던 선배처럼 당장 내가 갈 곳을 마련해야겠다는 압박감을 느끼지는 않는다. 나는 일찍부터 직장생활을 하는 틈틈이 '퇴직 후의 삶'을 계획해오고 있었기 때문이다.

퇴직을 맞는 직장인들은 크게 두 가지 유형으로 나뉜다. 하나는 마지못해 생계형 일자리를 찾아야 하는 유형이고 다른 하나는 인생의 2막을 맞이하는 유형이다. 먼저 생계형 일자리를 찾아야 하는 유형의 경우, 그나마 노후자금이 준비되어 있다면 약간의 여가생활은 누릴 수 있는 삶이 가능하다. 하지만 이조차 준비되지 않은 퇴직자라면 남은 인생을 퇴직하기 전과 마찬가지로 생계형 노동자로 살아가야 한다. 퇴직과 동시에 정말로 그 인생마저 끝나는 기분을 느끼게 되는 것이다. 반면에 인생의 2막을 맞이하는 유형의 경우, 준비된 직장인만이 누릴 수 있다. 퇴직 전부터 착실하게 두 번째 인생을 준비했을 때만 가능한, 진짜 자신의 삶을 시작할 수 있는 것이다.

당신은 이 두 가지 유형 중 어느 쪽에 속하고 싶은가?

이 질문에 대한 답이 내려졌다면, 다음 장을 열어보자.

Chapter 02

꿈을 이루기엔
월급이 너무 적다

직장인들은 매달, 어느 하루를 손꼽아 기다린다. 그렇다. 당신의 짐작이 맞다. 바로 월급날이다. 직장인이라면 누구나 목을 빼고 기다리게 되는 월급, 이번 장에서는 월급에 대한 이야기를 해볼까 한다.

나는 가끔 아내와 생활비 문제로 다투곤 한다. 특히 카드 결제일이면 우리는 평소와 달리 얼굴을 붉히고 언성을 높인다. 나는 아내에게 생활비를 어디에 썼는지, 왜 카드를 사용했는지 따지듯 묻는다. 그리고 신용카드 사용은 되도록 줄이고 현금이나 직불카드를 사용하라며 훈계조로 말한다. 그러면 아내는 이런 내 말을 더 듣기 싫다는 듯, 피곤하니 다음에 얘기하자며 자리를 피한다.

아내가 신용카드를 사용하게 되는 이유는 당연히 생활비가 부족하기 때문일 것이다. 나 역시 내가 벌어다 주는 월급이 네 식구의 생활에 충분치 않다는 것을 잘 알고 있다. 우리 가족의 모든 생활은 내 월급에 맞추어져 있다. 하지만 내 월급은 통장에 꽂히기 무섭게 반

이상이 국민건강보험, 개인연금 등과 같은 곳으로 사라져버린다. 내 의지와 상관없이 나가는 돈들이 수두룩한 것이다. 그렇게 이미 반이나 빠져나간 월급으로 생활비를 짜면 계획에 없던 돈 쓸 곳이 거짓말처럼 나타난다. 그것도 매달 어김없이 말이다. 생활비에 늘 여유가 없는 것은 당연한 일이리라.

누군가 그랬다. 회사는 직원들에게 직급과 나이에 맞게 딱 필요한 만큼의 급여만 준다고. 그래야 다른 생각 안 하고 회사만 바라보며 말 잘 듣는 직원이 된다는 것이다. 어쩌면 이 말이 진실일지도 모른다는 생각이 든다. 회사는 정말로 직원들이 힘들고 지쳐 쓰러질 것 같은 시기에 귀신같이 월급을 꽂아준다. 말 그대로 쓰러지기 직전의 선수에게 고통을 잊게 해주는 진통제 주사를 놓아주는 것처럼 말이다. 그렇게 다시 직원들은 일어나 한 달을 달린다. 다음 월급을 받을 때까지. 나 역시 이렇게 30년을 달려왔다. 어디 나만 그럴까. 다른 35년 차 직원과 얘기해보면 그 역시 나와 다를 게 없다. 이것이 대부분 직장인들의 생활이다. 그렇다. 월급만으로는 늘 부족함을 느낄 수밖에 없는 것이 '보통의 직장인'들이 살아가는 삶이다.

퇴직 앞에 나에게 남은 것들

나는 한 달마다 주어지는 월급이라는 이름의 주사를 맞으며 30

년 동안 회사에 다녔다. 그런 나에게 남은 것은 무엇일까? 한번 생각해보자. 당신이 월급을 받으며 수십 년을 일한 뒤, 정년을 맞게 되었다. 당신에게는 무엇이 남아 있을까? 아니, 조금 더 직설적으로 말해보자. 우리가 과연 직장으로부터 가져올 것이 있을까? 있다면 그건 무엇일까?

솔직하게 고백하건대, 나는 30년 동안 직장에서 일했지만 그 이후의 삶에서 쓸모가 있을 만한 것은 딱히 없다. 오랜 세월 회사에서 갈고닦은 노하우? 퇴직 이후의 삶에서는 노하우는커녕 경력조차 주변으로부터 딱히 인정을 받지 못한다. 그것이 사실이다. 정말 남다른 노하우나 경력을 가진 소수의 직장인이 아니라면 말이다. 그렇다. 회사로부터 퇴직 이후의 삶에서 써먹을 만한 무언가를 갖고 나오는 사람은 없다고 보아도 과언이 아닌 것이다. 물론 나 같은 경우는 관리업무가 주였기에 더 그랬을지도 모른다. 나는 평생 누군가를 부리기만 했을 뿐, 직접 스스로 무언가를 해본 적이 없기에 혼자서 할 수 있는 것이 거의 없다. 마케팅 부서에서 20년을 근무했지만 마케팅 전문가라고 할 수도 없다. '차라리 소규모 기업에서 일했다면 그만큼 내가 해야 할 일도 많았을 테니 뭔가 스스로 할 수 있는 것이 더 생겼을 수도 있지 않을까.'라는 생각이 내 진심이다. 그만큼 나는 퇴직을 하며 '그래도 나 아직은 쓸모 있는 사람이지 않을까.'라고 했던 생각이 크나큰 착각이었다는 것을 체감하고 있다.

내가 가장 크게 내세울 만한 무언가가 있다면 그건 바로 월급으로 한 재테크와 그 결과물이다. 나는 어린 시절부터 고생하시는 어머니를 보며 자랐기에 재테크의 필요성을 일찍 깨달은 케이스였다. 돈의 중요성을 똑똑히 느끼며 자랐던 만큼 나는 직장생활 초기부터 재테크에 공을 들였다. 당시, 80년대 후반은 고도 성장기였기에 요즘에 비하면 돈을 벌기가 비교적 수월했다. 연금저축금리가 10% 중반대였으며, 아파트도 분양만 받으면 2~3배로 너끈히 상승하곤 했다. 조금 과장해 이야기하자면 실패하고 싶어도 실패하기 힘든 시기였던 것이다. 이렇게 시기와 운이 따라준 덕분에 나는 나름 또래보다 훨씬 일찍, 그리고 더 많이 재테크에 성공할 수 있었다. 그렇게 일찌감치 미래를 위한 '월급 이외에도 들어오는 수입원'을 만들어두었던 것이다. 내가 퇴직 후에 금전적인 부분에서는 걱정할 필요가 없다고 한 이유는 바로 이 때문이다. 하지만 문제는 금전적인 부담이 없음에도 퇴직을 눈앞에 두니 불안감이 느껴진다는 사실이었다. 새삼 금전적인 부담이 없는 나도 이렇게 불안한데 다른 퇴직자들의 심정은 어떨까.

재테크는 꿈을 이루기 위한 수단이다

나는 살면서 때때로 '내가 불의의 사고나 병에 걸리면 어떡하지?' 또는 '내가 직장을 그만두게 되면 가족들의 생활은 어떡하지?'와 같은 걱정을 했다. 월급이란 존재는 나에게 있어 '가정을 지키는 최후의 보루'였다. 걱정은 내가 일찌감치 재테크를 시작하게 만들었다. 나는 새해가 시작될 때면 수첩 맨 앞장에 올해의 목표를 적어두고 그 실천을 다짐했다. 또한 재형저축 가입, 국민연금, 개인연금 저축, 우리사주 주식청약에 가입하는 등 회사가 권장하는 모든 것을 실천했다. 그렇게 착실하게 실천해나가자 그사이 자연스럽게 집도 한 채 장만할 수 있었다. 물론 늘 순조롭게 계획대로 된 것은 아니었다. 특히나 IMF 시절에는 내 급여의 2/3가 대출이자로 나가기도 했다. 심지어 집을 헐값에 팔아야 했던 적도 있었다. 아내는 그때의 일을 회상할 때면 아직도 종종 나를 원망하곤 한다. 내가 세운 무리한 목표로 인해 온 가족이 희생해야 하는 순간들이 있었기 때문이다. 지금이야 웃으며 추억처럼 이야기할 수 있지만 당시에는 정말 하루하루가 고난의 연속이었다. 그러나 그 와중에도 버텨낼 수 있었던 이유는 월급이 있었기 때문이다. 이것이 바로 월급이 중요한 이유다. 월급만 있어도 지극히 평범한 한 가정을 꾸려나가는 데에는 큰 문제가 없다. 때로는 이 월급만으로도 퇴직 후에도 그럭저럭 사는 것이 가능하기도 하다. 하지만 문제는 이것이다. 월급은, 우리의 꿈을 이루어주기에는 턱없이 부족하다는 사실.

이제 결론을 말하겠다. 직장인들이여, 월급에만 목메지 말자. 월급을 월급으로 끝내면 내 꿈을 이룰 수 없지만, 월급을 재테크를 위한 밑천으로 활용하면 퇴직 후에 인생 2막을 맞이할 수 있다. 내가 그랬듯, 재무 목표를 세우고 꾸준히 실천해보길 바란다. 그것이 곧 당신들의 꿈을 이루기 위한 밑천이 될 것이다.

직장생활은 생각보다 길다. 하지만 언젠가는 끝이 온다. 즉 직장생활이 길다고 해서 월급에 끝이 없는 것이 아니란 얘기다. 당신이 받는 월급은 언젠가 끝이 난다. 우리에게 매달 주입되던 주사가 끊기는 시기가 반드시 온다는 얘기다. 나처럼 가정이 있는 중년이든, 이제 막 입사한 30대 젊은 직장인이든 마찬가지다. 그러니 꼭 지금 손에 쥐어지는 월급을 활용해 재테크를 하길 바란다. 멀게 느껴질지 모르지만 언젠가 반드시 찾아오는 '퇴직'이라는 순간을 위해, 퇴직 이후 시작될 당신의 인생 2막과 꿈을 위해. 나는 그대들에게 퇴직 전부터 재테크를 시작하길 강력하게 권하고 싶다.

Chapter 03

경제력이
직장인에게 가장 큰 힘이다

———

K는 나의 대학 후배로 4년간 함께 근무한 사이다. 하루는 동료들과 함께 술을 많이 마신 적이 있다. 그때 마침 용돈 이야기가 나왔다. 우리는 평소 자신의 용돈 액수에 관한 얘기는 하지 않는다. 너무 적으면 곧 그것은 자신의 치부가 되어 '짠돌이', '구두쇠' '마누라한테 쥐어 산다'는 놀림을 받기 십상이다. 그런데 평소 자신의 얘기를 하지 않던 K가 그날따라 자신의 용돈에 대해 이야기를 꺼냈다. 한 달 용돈은 30만 원, 그것도 매달 와이프한테 타 쓴다는 것이다. 술김에 한 말이었지만, 우리는 "어떻게 그 돈으로 생활이 될까?" 하는 생각이 들었다. 통계에 따르면 평범한 직장인들은 50만 원 이상은 되어야 품의 유지가 된다고 한다.

다음 날 아침 그는 어제 했던 말이 창피했는지 우리에게 "커피 한 잔하자." 하며 "어제 했던 용돈 이야기는 잊어 주면 좋겠다."라고 부탁하는 것이었다. 그러면서 덧붙이는 말이, 용돈이 부족할 때면 출장비를 '삥땅'해서 쓴다는 것이다. 우리 회사 출장비는 급여 계좌와 다른 계좌로도 받을 수 있기 때문에 가능한 일이었다. 그는 30만 원으로 한 달을 사는 게 정말 괴롭다고 했다. 내가 딱 계산해 봐도 한 달 30만 원으로는 담뱃값, 커피 한잔, 차비로 쓰고 나면 남는 돈이 없었다. 그 용돈으로는 한 달을 산다는 게 불가능해 보였다. 용돈 얘기를 잊어달라는 말까지 하는 그가 안쓰러워 보였다.

내가 회사에서 지켜본 그는 업무에 관해서는 언제나 당당하고 자신감이 넘쳤지만. 돈 쓸 일이 있을 때는 법인카드를 사용할 수 있을 때로 잡고, 커피는 항상 근처 가장 싼 카페의 아메리카노만 마시는 그런 모습뿐이었다. 우리는 그를 '쫀쫀하다' '쩨쩨하다'라고만 생각했다. 지금까지 그가 자기 돈으로 술은커녕 밥 한 끼 사는 것을 본 적이 없었으니까. 하지만 용돈 이야기를 듣고 나니 평소에 그의 태도가 이해되었다.

그러나 실은 K 이야기는 내 사정과 다르지 않다. 얼마 전까지만 해도 나 역시 그와 별반 다르지 않게 어렵게 살았다. 금액의 차이만 있을 뿐 어느 직장인이 마음 편히 용돈을 쓸 수 있겠는가. 대부분 평범한 직장인들은 주머니 사정이 넉넉지 못하다. 월급으로 '한 달 살이'를 해야 하기 때문이다.

월급으로만 생활하면 누구나 뻔한 삶이지

월급으로 살아가는 직장인들의 삶은 인색해질 수밖에 없다. 매달 정기적으로 빠져나가는 생활비로 통장에 남아 있는 돈이 거의 없기 때문이다. 내 집 마련 저축, 애들 교육비, 부모님 용돈, 통신비, 보험료 등. 하물며 자신의 넉넉한 용돈은 엄두도 못 낸다. 나는 가끔 부부 동반으로 외출할 때면 아내가 입을 옷이 없다고 불평하는 것을 종종 듣게 된다. 계절에 딱 맞는 옷이 없는 것이다. 언제 사주었는지 기억도 없다. 그럴 때마다 미안한 생각이 든다. 참 사는 게 왜 이리 여유가 없는지. 답답하고 숨 막힐 때가 많다.

비슷한 처지의 우리 직장인들은 자신을 위한 투자? 엄두도 못 내는 것은 당연하다. 그러니 늘 하고 싶은 일보다는 직장에서 주어진, 시키는 일만 하게 된다. 승진과 연봉만이 유일한 희망이다. 언젠가 은퇴할 때가 다가오면 걱정부터 앞서게 되고 자신 있게 내세울 자기계발 하나 해 놓은 게 없다.

나는 이렇게 궁색한 직장인으로 살고 싶지 않았다. 자신감도 떨어지고, 늘 주눅 들고, 하고 싶은 말도 못 하고. 그런 내가 너무 싫었다. 그런 모습을 보이는 동료나 선배를 보면 덩달아 답답했다. 직장에만 얽매인 생활, 자기계발은 항상 맨 마지막. 미래의 무엇보다 지금 현실을 살아내는 데 급급한 하루하루.

직장생활을 당당하게 하는 방법은 두 가지밖에 없다고 생각한다. 직장 내에 든든한 빽이 있던가, 아니면 부모가 돈이 많든가. 나는 사장 아들도 아니고, 선배들에게 비빌 성격도 못 된다. 그러니 내가 선택할 길은 하나밖에 없었다. 돈이 많은 직장인이 되는 것. 그러면 좀 더 당당해질 수 있지 않을까 싶어서였다. 그래서 결심했다. 돈을 벌어야겠다고.

그 다짐을 시작으로 신입사원 때부터 재테크 공부에 열심히 매달리고, 주말마다 여기저기 발품을 팔았더니, 입사 20년 차쯤 되니 돈을 조금 만질 수 있게 되었다. 남들보다 조금 더 일찍 집도 장만할 수 있었고, 저축할 수 있는 여유도 생겼다. 그렇게 되니 세상을 보는 관점이 달라졌다. "이제부터는 돈 문제로 아등바등 살지 않아도 된다." "돈 문제로 부부싸움 안 해도 된다." "남을 밟고 올라갈 필요도 없다." 하는 생각들이 든 것이다. 회사생활도 다르게 보였다. "승진에 목숨 걸 필요 없다."라고 생각하니 넥타이보다 갑갑하게 나를 조여오던 부담감에서 조금은 벗어날 수 있었다. 그렇다고 열심히 일하지 않았다는 뜻은 아니다. 승진하지 못해도 좌절하거나 낙담하지 않고, 이것 때문에 주눅 들거나 눈치 보지 않았다는 뜻이다.

심지어 부서 내에서 교육생 선발이나 해외 출장기회가 있을 때면 서로 눈치나 보고 있는 대신 한 번씩 동료 직원들에게 양보도 하곤 했다. "내게는 또 기회가 올 테지." "내 돈으로 다녀오면 되지." 하는 여유도 생겨났다. 어떤 의사결정을 할 때도 이 눈치 저 눈치 안 볼 수 있었다. 당당하게 내 의견을 말할 수 있었다. "아닌 것은 아니다"라고 "싫은 것은 싫다"라고 말이다. 정말 많은 변화들이 생겼다.

경제적으로 뒷받침되는 직장인은
동료들도 좋아한다

이건 나만의 이야기가 아니라 마음먹기에 따라서는 누구든지 가능한 삶이다. 경제적으로 뒷받침되면 당당하게 직장생활 할 수 있다. 경제력이 직장인에게 가장 큰 힘이기 때문이다.

실제로 직장에서 나를 좋아하는 동료들이 많았다. 내가 특별히 멋있거나 일을 매우 잘해서? 절대 아니다. 사람들은 나를 인간적으로 좋아했다. 나는 항상 그들에게 여유 있는 모습으로 보였고, 평소 술도 잘 사는 편이었다. 그리고 미묘한 돈 쓰기 상황이 생기면, 개인 돈으로 "내가 낼게." 하고 당당하게 말했으니까. 후배들에게 술 한잔 사주며 했던 얘기를 하고 또 하고, "나 때는 어땠는데…" 식의 꼰대 같은 모습을 보이지 않아도 되었다. 오히려 공감하고, 보듬어 주고, 격려해 주는 선배였다. 술 마신 후 집으로 돌아갈 때면 택시비까지 챙겨주었다. 자기 돈으로 이렇게까지 해주는 선배가 어디 있는가.

나는 직장 내에서 경조사도 잘 챙기는 편이었다. 가까운 사이가 아니라도 빠짐없이 인사하려고 노력했다. 계산적일 필요도 없이, 밥

한 끼 먹었다고 생각하면 되었기 때문이다. 받는 사람은 두고두고 고마워했다. 이렇게 해서 인간관계를 넓힐 수 있었다. 평범한 직장인들은 경조사비를 'Give and Take'로 생각하기 때문에 경조사가 있으면 "지출할지? 말지?" 생각하고, "내가 받았는지? 얼마를 받았는지" 확인한 후, "얼마를 할지?" 결정한다. 경조사를 챙기지 않아 불편한 관계가 될 수 있기 때문이다. 누구나 경조사를 챙겨서 손해 볼 일 없다는 것은 잘 알지만 늘 고민은 그것이다. 빠듯한 월급 속 경조사비가 참 만만치 않구나, 하는 것.

어쨌든 우리에겐 돈이 필요하다. 특히 직장인에겐 월급을 떠나 목을 적셔 주고 숨통을 트이게 해줄 돈. '직장인이 어떻게 경제력을 갖출 수 있느냐.'라고 묻지 않기를 바란다. 내가 '재테크 하라.'라고 조언하면 대뜸 "요즘 집값이 너무 올라 집 사는 것은 포기한다." "월급만으로는 재테크가 어렵다." "재테크는 너무 거창한 얘기다."라는 피드백부터 오기 마련이다. 하지만 그런 생각부터 버려라. 재테크는 특별한 게 아니다. 책 읽기, 경제신문 구독하기, 유튜브 학습하기, 동호회에 가입하기, 현장경험 쌓기 위한 다리품 팔기… 등 조금 성가신 일일 뿐이다. 그런데 그 조금 귀찮은 일이 나를 빡빡한 삶으로부터 구출해줄 수 있다면 어떻겠는가. 게다가 내 경험상 처음이 어렵지 자기만의 비법을 터득하기 시작하면 그때부턴 가속도가 붙으며 훨씬 쉽고 재밌어진다.

먼저 쉽게 할 수 있는 직장 근처 금융기관, 집 근처 부동산부터 자주 들러라. 특별한 용건 없이도 자주 접하면 돈 되는 정보를 얻을 수 있다. 직장에서 모든 승부를 걸어야 한다는 생각도 버려라(지금 20~30대들은 이미 그렇게 생각하고 있다). 승진과 연봉에 목매지 말고 돈 벌 수 있는 방법을 적극적으로 찾아봐라. 직장에서의 생활은 누구에게나 끝이 있다. 우리는 준비해야 한다. 자신의 인생은 자신만이 책임질 수 있기 때문이다. 세상은 본인이 뜻한 대로 되지 않을 수도 있다. 그런 상황이 닥치기라도 한다면 '승진과 연봉'이 문제가 아니라 정말로 '끝없는 나락으로 떨어지는 사람'이 될 수도 있다. 이제, 어떤 선택을 하겠는가.

Chapter 04

직장인에게 맞는
재테크는 따로 있다

앞에서도 말했지만 직장인에게 재테크가 필요한 이유는 꿈을 이루고, 여유를 즐기고, 현실에서 당당해지기 위해서다. 돈이 많은 사람들은 그 돈으로 다른 사람의 시간을 사고 자신의 인생을 여유롭게 즐긴다. 그러나 대부분의 직장인은 그럴 수가 없다. 월급만으로는 다른 사람의 시간을 살 수 없기 때문이다.

내가 알고 있는 지인은 강남 논현동에 임대용 건물을 한 채 갖고 있다. 그는 학창시절 공부에는 영 관심도 재능도 없어 대학진학은 일찌감치 포기했다. 떡집을 하신 부모님을 도우며 성실하게 살았다. 형제들은 대학을 졸업하고 그런대로 잘들 살았다고 한다. 부모님은 재산을 자식들에게 균등하게 나누어 주었다. 다른 형제들은 사업을 한다며 물려받은 재산을 결국에는 다 까먹고 말았다. 하지만 내가 알고 있는 지인은 자신의 몫으로 물려받은 집을 허튼짓하지 않고 보전하며 여러 해 동안 잘 살았다고 한다. 그러던 중 세월이 흘러 살던

집을 임대용 다세대주택으로 재건축하였다. 여기서 높은 월세 수입을 얻고 있다. 종교기관에서 봉사활동을 하며 어려운 사람들을 위해 기부도 많이 한다. 평소 굉장히 근검절약하지만, 적어도 주 2~3회는 골프 라운딩을 나간다. 시간이 날 때면 맛집을 찾아다니며 즐거운 시간도 보낸다. 언제나 여유 있고 품위 있는 모습이다. 주위 사람들로부터 존경받는 삶을 살고 있다. 그는 노동자인 직장인보다 돈은 더 많이 벌면서 자기 의지대로 활용할 수 있는 시간은 더 많다. 돈을 벌기 위해 직접 노동력을 투입함으로써 써야 하는 시간이 필요 없기 때문이다. 남는 시간은 자신이 하고 싶은 일을 하고 즐기며 살 수 있는 것이다. 그를 볼 때면 늘 부럽다는 생각을 하곤 한다.

이에 비해 나와 같은 직장인은 어떤가? 내 시간을 팔아서 월급을 받아야 생활할 수 있다. 시간이 곧 돈인 사람으로 노동을 하지 않으면 소득을 얻지 못한다. 월요일부터 금요일까지 주말과 공휴일을 제외하고는 매일 아침 9시까지 출근해서 적어도 저녁 6시까지 근무한다. 근무하는 동안 자주 있는 회의, 교육 등 각종 행사로 업무가 잘 안 된다고 불평을 할 때도 있다. 때때로 개인적인 볼일을 보기 위해 땡땡이를 치기도 한다. 상사가 안 보이면 멍 때리거나 차를 마시며 시간을 보낼 때도 많다. 이렇게 업무에 집중하든 그렇지 않든 시간이 지나면 매월 정해진 날에 월급이 꼬박꼬박 나온다. 성과와 상관없이 일과만 잘 지키면 정해진 월급이 통장으로 꽂히는 것이다.

직장인은 결국 자신의 시간을 팔아 회사로부터 돈을 받는다. 노동시간이 길기 때문에 자신이 하고 싶은 일을 하며 삶을 즐길 틈이 없다. 이런 직장인들이 안정적으로 보일 수도 있지만 리스크가 없는 것도 아니다. 직장에서 잘리거나 퇴직하게 되면 노동으로 받는 소득이 사라져버린다. 직장을 갑자기 그만두게 되면 수익을 낼 방법을 찾기가 힘들어 매우 막막해진다. 그래서 직장인들은 오늘도 내일도 회사에 나간다. 노동을 통한 소득을 얻기 위해.

돈을 벌려면 생산자산에 돈을 써라

그렇다면 직장인은 자신의 시간을 팔아 소득을 얻는 삶에서 벗어날 수는 없는 걸까. 그렇지 않다. 직장생활을 하며 자신의 시간과 무관하게 돈을 버는 사람으로 살아가는 방법이 있다. 물론, 쉽지는 않다. 그 방법에 대해 배울 기회가 거의 없고, 이미 내 시간과 돈을 교환하는 삶에 익숙해져 버려 이 외에 다른 방법을 생각할 수조차 없게 되었다. 또 대부분의 직장인이 가사, 육아 등 빠듯한 살림살이로 너무 바쁘게 살아오다 보니 마음은 간절하더라도 결국 시도하지 못하고 현실의 벽에 부딪혀 포기해버린다. 하지만 나는 오랜 시간 직장생활을 하며 재테크 경험을 통해 '돈을 버는 방식'보다 '돈을 잘 쓰는 방식'이 돈을 벌 수 있게 해준다는 사실을 깨달았다. 지금 말하고

자 하는 건 단순히 '소비 습관'을 말하는 게 아니다.

　돈을 쓰는 방식은 나중에 가격이 오를 가능성이 있는 것에 돈을 쓰느냐, 그렇지 않고 가격이 떨어지거나 비용으로 사라져버리는 것에 돈을 쓰느냐로 구분할 수 있다. 가격이 오를 수 있는 것은 그 가치가 증대될 수 있기 때문에 '생산자산'이 된다. 대표적으로 부동산, 주식, 미술품, 저작권 등이 있다. 나는 수입 중 생활비로 꼭 필요한 돈을 제외하고 남은 돈으로 주로 부동산, 연금저축에 투자했다. 1980년대 이후 부동산은 자고 나면 가격이 오르고 연금은 매우 높은 이자를 받던 그런 자산이었다. 만약에 내가 옷이나 시계, 구두 등 생필품이나 사치재를 구매했다면 어떻게 되었을까. 이것들은 시간이 지남에 따라 그 가치는 소멸되고 말았을 것이다. 특별히 부동산을 보는 안목이 있었던 것은 아니지만 운이 따라준 것인지 가치가 계속해서 많이 올랐다. 가치가 오르고 자본 소득이 생김에 따라 부동산을 하나, 둘 계속 매입하여 자산 덩어리를 키워나갔다. 이러한 자산들은 시간이 흐르면서 내 노력과 관계없이 무언가를 생산해주었다. 그 생산물의 가치는 내 것이 되었는데, 이는 내가 그 자산의 주인이기 때문이다.

비근로소득 창출 시스템을 만들어라

노동을 하지 않고도 창출되는 소득을 '비근로소득'이라고 하자. 나는 이것을 4단계로 나누어서 실행했다.

1단계 : 급여를 받아 소비자산 지출을 최대한 줄여 돈을 모으는 단계로, 먼저 시드머니를 만들었다.

2단계 : 시드머니로 생산자산을 사는 단계로, 주로 부동산과 연금 저축에 투자했다.

3단계 : 투자 규모를 키우는 단계로, 지속적으로 나오는 근로소득과 2단계에서 창출된 부동산 가치 상승분을 활용하여 반복적으로 자산을 매입하여 규모를 키웠다.

4단계 : 소득의 구조를 만드는 단계로, 1~3단계로부터 일하지 않고도 소득을 얻는 구조를 완성했다. 근로소득과 함께 비근로소득을 확보함으로써, 일하지 않고도 돈을 버는 '비근로소득을 창출하는 시스템'이 만들어진 것이다.

직장인이 자산을 불려 나가려면 그 수단이 꼭 부동산이 아니더라도 이 흐름을 따르게 된다. 시간에 투자해 소득을 만들고, 그중 생활에 필요한 기본적인 비용을 제외한 나머지를 모아서 자본화한 후 그 자본(시드머니)으로 생산자산을 사는 데 쓰는 것, 바로 이것이 자본주

의의 원리를 깨닫고 투자라는 수단으로 부를 쌓은 사람들이 사용했던 방법이다.

내가 설명한 자산 구축 시스템이 특별한 것은 아니다. 일반 직장인들도 누구나 시드머니를 만들어 생산자산에 투자하여 비근로소득을 얻을 수 있다. 필요한 것이라고는 그저 적은 돈으로 투자가 가능한 곳을 찾는 능력을 익히고 투자 횟수를 늘려 자산을 확대해나갈 수 있는 꾸준함이다. 물론, 앞에서 말한 대로 심적 부담감, 현실적인 어려움, 해보지 않은 것에 대한 거부감 등이 우리를 가로막지만, 한 번 시도해본 사람은 이것이 그리 어렵지 않다는 것을 깨닫게 된다. 그래서 나는 이 방식을 선택했고, 이를 통해 시작할 당시보다 수십 배 이상의 순자산을 쌓을 수 있었다.

지금 이 순간이 내 삶의 가장 빠른 때라고 하지 않던가. 더 늦기 전에 생산자산 투자시스템을 구축하여 비근로소득을 얻어보기를 바란다. 자신이 잘 알고 있는 주식, 달러, 금, 그림 같은 부동산 이외의 자산 중에서 선택해도 좋다. 투자를 처음 접하는 사람뿐 아니라 이미 부동산이나 주식에 투자 경험이 있는 사람이라고 해도 자신이 선택한 생산자산과 그 특징에 대해서 자세하게 파악해둘 필요가 있다. 투자할 대상에 대해 정확한 이해와 기준을 갖지 못한다면 조금만 힘들고 원하는 대로 일이 풀리지 않으면 포기할 가능성이 크다. 지속적인 투자를 위해서라도 반드시 관심을 갖고 공부를 할 필요가 있다. 힘들게 일해서 번 돈을 사라질 것에 쓰는 것이 아니라, 또 다른 돈을 벌어들이는 구조를 만드는 데 활용하는 것이 내가 들인 노력의 가치를 극대화하는 것임을 잊지 말자.

Chapter 05

직장인 재테크는
레버리지를 이용한 시간과의 싸움이다

이쯤에서 잠시 내 재테크 이야기를 해볼까 한다. 나의 경우, 가진 돈에 한계가 있었기 때문에 무이자로 빌릴 수 있는 전세금과 직장 내 주택 구입 대부금을 레버리지로 활용했다. 그래도 부족할 땐 은행 대출을 활용할 때도 있었다. 그리고 장기투자 방식을 택했다. 이렇게 레버리지를 활용한 장기투자를 해보니 그 힘이 얼마나 강력한지 충분히 경험할 수 있었다.

나는 1990년 초 강남구 대치동에서 회사 사옥을 건립하는 현장에 근무했다. 당시 친한 대학 친구가 개포동 저층 아파트에서 신혼 생활을 하고 있었다. 나는 종종 친구집에 놀러를 가곤 했는데, 저녁을 먹던 중 자신의 삼촌이 같은 아파트 단지에서 부동산을 하고 있다는 얘길 듣게 되었다. "나 좀 소개해줄 수 있어?" 그렇게 삼촌을 만났고, 이후로 자주 찾아가서 아파트 투자에 대한 상담을 받곤 했다. 그리고 몇 개월 후 삼촌으로부터 전화 한 통이 왔다. "단지 내 아파트에 좋은 게 하나 나왔네. 한번 보겠어." 생전 처음 투자라는 걸 제 안받은 상황이라 '실패하면 어쩌지.' 하는 두려움부터 앞섰지만, 일단 삼촌을 믿고 아파트를 보러 갔다.

위치는 강남이라 직장과 거리가 가까워 편리한 점도 있었지만 오래된 아파트라 너무 낡아서 살기에는 좀 불편할 것 같았다. 당시 개포지역 아파트는 80년대 초에 지어진 저층 아파트들로 연탄 아궁이를 사용하고 있는 집도 있었다. 처음 이 마을이 생기고 얼마나 살기가 힘들었는지 '개도 살기를 포기하는 동네'라 하여 개포동이라 이름 지어졌다는 얘기도 있다. 하지만 언젠가 재건축이 되면 강남지역에 새 아파트를 가질 수 있겠다는 생각도 들었다. 재건축이 될 때까지는 전세나 월세를 주면 되겠구나 싶었다.

당시에는 요즘과 같이 부동산에 투자하려는 열기가 그다지 높지 않았다. 특히, 오래되고 낡은 아파트에는 통 관심들이 없었다. 새 아파트를 선호했고, 예금금리와 대출금리가 매우 높은 편이라 예·적금을 많이 하던 시기였다. 게다가 당시 아파트 가격은 높지 않은 편이었다. 충분히 고려해볼 만한 상황이었다.

며칠 고민 끝에 나는 투자를 결심했다. 구입 후 임대를 주면 되겠거니 생각했고, 부족한 자금은 직장 내 구입자금 대출을 받으면 그럭저럭 해결될 것 같았다. 소위 요즘 말하는 '갭투자'를 한 것이다. 나는 아파트를 매수한 후 친구 삼촌에게 관리를 맡겼다. 그리고 지금까지 30여 년을 소유하고 있다. 드디어 기다리고 기다리던 재건축

이 4년 전에 시작되었다. 지금 건설 중으로 2023년 초면 입주하게
된다.

주변과 신뢰를 쌓고, 생산자산에 돈을 써라

지금 와서 생각해보니 월급쟁이인 내가 감히 투자에 대해서 과감
하게 도전장을 내밀 수 있었던 건 모두 부동산 사장님 덕분이다. 아
파트를 구입하고 임대관리를 하며 지금까지 올 수 있었던 것은 친구
삼촌인 부동산 사장님의 도움이 컸다. 나를 친구만큼이나 가족처럼
잘 챙겨주었고 나 역시 사장님을 진심으로 대하다 보니 서로에게 신
뢰가 쌓인 것이다. 이를 통해 나는 투자에서 좋은 성과를 내기 위해
서는 나의 재테크를 도와주는 파트너와의 관계가 중요하다는 사실
을 깨달았다. 투자도 사람이 하는 일이기 때문이다. 그래서 나는 부
동산 거래를 한 후에도 그분과 가까이 지내기 위해 명절이면 간단
한 선물을 보내 드리는 등 관계를 꾸준히 이어갔다. 특별한 일이 없
을 때도 자주 들르거나 전화로 안부를 묻기도 했다. 이런 노력 덕에
부동산 사장님은 좋은 물건이 있을 때면 먼저 내게 연락을 주어 투
자를 권유했다. 나는 좋은 투자처를 소개받을 수 있었고 성과도 좋
은 편이었다. 투자 후 얼마 지나지 않아 투자 원금은 임대료 인상 등
으로 전액 환수되었다. 시세 차익을 기준으로 계산하면 실제 투자금

대비 수익률은 어마어마한 수준에 달한다. 아파트 가격은 30여 년이 지나는 동안 30~40배가 올랐다.

그리 특별할 것도 없는 내 재테크의 시작은 그렇게 작은 신뢰로부터 시작됐다. 당시 초보 투자자인 나는 자신 있게 투자할 상황이 아니었다. 물건을 고르는 것도 자금을 조달하는 것도 방법을 알 리 없었다. 다행히 나는 좋은 부동산 사장님을 만나서 좋은 물건을 구입할 수 있었고, 그것을 장기간 보유함으로써 큰 성과를 낼 수 있었다. 또 직장인이기에 무이자로 빌릴 수 있는 전세금과 회사 내 주택구입대부자금을 레버리지로 활용해서 내가 가진 돈만으로는 구입하기 어려운 덩치 큰 자산을 사들였고, 30여 년이나 되는 오랜 세월을 견뎌왔기에 가능한 일이었다.

앞에서도 이야기했듯 직장인이 부를 쌓는 방법은 남들보다 조금 더 부지런해지는 것이다. 그리고 '생산자산'에 투자하는 것이다. 여기서 '생산자산'이란 나중에 그 가치가 높아져서 가격이 오를 수 있는 자산을 의미한다. 토지, 건물, 주식처럼 말이다. 이러한 자산은 시간이 흘러감에 따라 나 대신 무엇인가를 생산해낸다. 그 부가가치는 내 것이 된다. 그 주인이 나이기 때문이다. 반대 의미의 '소비자산'은 명품이나 자동차처럼 사용함에 따라 가격이 떨어지는 자산을 의미한다. 직장인의 경우 가급적 팔지 않을 가치 있는 생산자산을 매입하되, 10년 앞을 바라보고 장기적으로 투자해야 한다. 시장은 이런 투자를 배신하지 않는다.

특히 부동산의 경우 짧은 미래는 예측하기 힘들어도 오랜 시간이 흐른 후의 상황은 예측이 가능하다. 물가가 오르듯 부동산 가치는 오르기 때문이다. 또 부동산 자산을 키우면 수익 실현을 뒤로 미뤄 불필요한 낭비를 줄일 수 있다. 주식처럼 수익이 날 때마다 부동산을 매도해 돈으로 바꾸기도 쉽지 않을뿐더러, 수익을 현금으로 바꾼다 해도 전부를 재투자에 활용하기란 쉽지 않다. 명확한 투자 방향과 목적이 없는 경우라면 실현한 수익을 쉽게 써버릴 수도 있다. 생산자산을 팔아 소비자산을 사는 꼴이다. 그러나 매입한 부동산을 팔지 않고 꾸준히 모아서 자산을 키우는 건 황금 거위알을 큰 그릇에 담아놓고 꺼내지 않는 것과 같다.

매월 직장에서 급여를 받아 당장 생활에 문제가 없는 사람이라면 굳이 서둘러 수익을 실현할 이유가 없다. 가만히 놔두면 황금알을 낳게 될 거위를 왜 굳이 잡아먹겠는가. 부동산 자산을 키우고 장기보유하면, 수익은 자산의 크기에 비례해 자산이 커질수록 수익도 커진다. 그리고 실현한 수익을 흐지부지 써버리지 않고 자산규모를 키우면 상승장에서 훨씬 더 수익을 낼 수 있다. 또 이를 장기보유하면 거래 횟수가 줄어 각종 비용을 아낄 수 있다. 부동산 거래에는 중개수수료, 취·등록세, 양도세 등 각종 비용이 발생한다. 거래 횟수가 많아지면 이런 비용들이 늘어나고 수익은 줄어든다. 그래서 목표로 한 수익을 달성하기까지는 불필요한 거래를 줄이는 게 좋다.

그리고 무엇보다 주변과의 신뢰가 중요하다. 특히 초보 투자자라면 먼저 주변인들로부터 신뢰를 받을 수 있도록 노력해야 한다. 당신이 상대에게 좋은 사람으로 인식된다면 당신은 좋은 투자처를 소개받고 투자 성과도 좋아질 것이다. 운 좋게도 한두 번은 성과를 낼수도 있지만, 자신이 잘해서 성과가 난 거라 착각하는 순간 그 자만심이 화로 돌아올 수도 있다. 자신의 '감'만 믿고 실행한 섣부른 투자가 자신을 위협하는 부메랑으로 돌아올 수 있기 때문이다.

파트너와의 신뢰, 생산자산의 구입. 이 두 조건이 갖춰졌다면 이제는 거위가 황금알을 낳길 기다리면 된다. 생활에 필요한 돈은 매일 출근하는 직장에서 월급으로 어김없이 들어온다. 시간은 언제나 직장인들 편이다.

Chapter 06

부, 얻는 것보다
유지하고 활용하는 게 더 어렵다

———

    20여 년 전 성남시 분당에 대형 평형의 아파트에 살고 있을 때였다. 직장 후배 직원이 집에 놀러 올 기회가 있었다. 집 안으로 들어오며 대뜸 하는 말이, "엊그제 이사 왔어요?" 하는 것이다. 나는 "왜?" 하고 물었다. 그랬더니 "집이 이렇게 넓은데 살림살이가 왜 하나도 없어요?" 하는 것이다. 실제로 당시 우리집에는 살림살이가 거의 없었다. 나에게 집은 거주 공간이라기보다 투자 물건이었기 때문에 살림살이에 드는 비용은 최소화해야 한다고 생각했다. 그때는 집값이 오르면 팔고 다른 투자처가 생기면 이사를 가곤 했다. 그렇게 지속적인 투자를 하던 시기라, 모은 돈은 또 다른 투자를 위해 모두 사용되었다. 오랜 기간을 반복해 오며 자산은 점점 불어났지만, 돈을 맛볼 기회는 없었다. 아내와 아이들 역시 늘 빠듯했다.

    처가 가족들은 우리 가족을 만날 때면 아내에게 "네 남편은 직장에서 월급도 받고, 투자해서 돈도 많이 벌어 좋겠다."라며 부러워했다. 겉으로 보이는 것과 달리 실제로는 쓸 돈이 없는데도 말이다. 그럴 때면 아내는 대충 얼버무리며 대답하고 넘어갔다. 어쨌든 나는 오랜 시간을 그렇게 살았다. 조금만 참자. 그러면 직장생활 때려치우고 마음껏 하고 싶은 것 다 하며 돈 걱정 안 하고 살 수 있을 거야, 하면서. 하지만 나의 생활은 자산이 늘어나면 늘어날수록 투자에 더 올인하는 식이 되고 말았다. 점점 나 자신과 가족에게는 더 인색해지면서. 지금 와서 생각하면 내가 왜 그렇게까지 했나 싶다. 투자는 삶을 잘 살기 위한 수단이 되어야지, 목적이 되어서는 안 되는데 말이다. 즉 투자를 통해 가족과 나의 행복, 시간적인 자유를 얻어야 하는데 오히려 그것 때문에 나의 행복, 시간을 빼앗긴 셈이 되었다. 너무 욕심을 부렸던 것 같아 후회될 때도 있었다. 혼자 판단하고 혼자 실행하는 대신 아내에게 기회를 주고, 번 돈을 맡겨보았다면 훨씬 삶의 밸런스가 생겼을 수도 있었을지 모를 일이다. 그래서인지 지금도 가끔 아내는 돈 얘기만 나오면 화낼 때가 많다. 아마도 내가 투자를 빌미로 가족의 희생을 너무 오랜 시간 동안 강요했기 때문일 것이다. 적당한 부의 활용이 이루어졌어야 했는데 말이다.

부는 가족과 함께 누려야 한다

요즘 많은 국가들이 골머리를 앓고 있다. 빈부격차가 커지고 있어서다. 이 문제를 해결하지 못하면 갈등과 분열이 일어난다. 빈부 격차는 국가뿐 아니라 가족 내에서도 여러 문제를 발생시킨다. 부자와 가난한 형제자매가 있다면 서운함과 비난이 난무하며 불화가 일어난다. 명절에 모이는 것도 두렵다. 명절 때가 되면 형제간 재산 다툼으로 큰싸움이 일어난다는 뉴스를 접할 기회도 종종 있다. 그래서 형제 중 누군가 어느 정도 부를 이루면 부모님과 다른 형제들에게 함께 잘살 수 있도록 도와주어야 한다. 직접 돈을 보태주기가 어려우면 돈을 벌 수 있는 방법이라도 알려주어야 한다. 만약 내가 재테크 능력이 있다면 혼자만 할 게 아니라 그 능력을 공유하는 게 필요하다.

내 경우에는 형제들에게 집을 살 수 있도록 적극 도왔다. 당시 나도 그렇게 경제적으로 넉넉하지 못했고 내 가정을 지키는 게 우선이었기 때문에 직접 도와주지는 못했다. 하지만 어느 지역에 어떻게 해서 매입해야 하는지 코칭해주고 직접 계약까지 챙겨주며 도왔다. 그래서 본가와 처가 가족 중 몇은 살 수 있는 집을 장만하여 지금도 따스하게 잘 지내고 있다. 그게 벌써 20여 년 전이다. 그 당시만 해도 집값이 비싸지 않을 때라 매입에 큰 부담이 없었다. 누가 실행하느냐가 중요할 때였다. 무엇을 바라고 한 행동은 아니었지만, 이것만큼은 참 잘한 일이다 싶다. 가족들은 이 일을 지금도 고마워한다.

부를 많이 이루었다고 해서 모두 행복할까. 돈 문제로 부모, 형제들과 사이가 멀어져 남보다 못한 삶을 사는 사람들이 생각보다 많다. 나는 이 책을 통해 직장인 재테크가 매우 중요하며 꼭 시도해보라고 말하고 있지만, 그보다 중요한 건 그 부를 사랑하는 사람들과 함께 나누는 것임을 잊지 말라고 말해주고 싶다. 결국 돈은 행복을 위해 필요한 것이지, 돈 때문에 행복을 담보로 하는 것은 옳지 않다고 생각한다. 내가 아내에게 지금도 미안해하듯 이런 마음이 들지 않으려면 가족과 함께 부를 공유하고 함께 행복할 방법을 찾는 것이 매우 중요하다. 이러한 문제를 극복하기 위해 나는 다양한 노력을 하고 있다. 아내와 가족을 위해 함께 누릴 수 있는 시간과 여유를 최대한 확보하기 위해 노력하고, 적은 돈이지만 부모님께 용돈을 보내며, 소소하게나마 형제, 친척들에게 감사와 사랑을 표현하기 위해 노력한다. 지금도 늦긴 했지만, 이런 순간들이 돈을 버는 이유를 더 의미 있게 만들어준다.

부유해질수록 사랑하는 이들에게 감사를 표현하고 부를 공유하는 것은 물론, 함께 시간을 보내는 것도 매우 중요하다. 나는 돈으로 행복을 살 수도 있다고 생각한다. 그것은 내가 벌어들인 부를 제대로 유지하고 활용할 때 가능해진다. 행복해지기 위해 우리에겐 사랑하는 사람과 함께 보내고 좀 더 즐겁고 몰입할 수 있는 것에 쏟을 시간이 필요하다. 그러기 위해서는 하기 싫거나 어려운 것을 억지로 하는 대신 도와줄 사람을 찾아야 한다. 그것을 해줄 수 있는 것이 바로 돈이기 때문에 '돈으로 행복을 살 수 있다'고 말하는 것이다. 한 사람의 인생은 얼마나 가졌느냐로 판단하지 않는다. '무엇'을 했느냐로 판단된다. 우리가 부를 쌓는 것은 나의 인생을 행복으로 채울 '무엇'을 얻기 위해서임을 잊어서는 안 될 것이다.

Part **2**

자신의 **공부**를
경영하는
직장인 되기

평가와 보고를 넘어
주어진 시간을 주체적으로 관리하라

젊었을 때 배움을 게을리한 사람은
과거를 상실하며 미래도 없다.

_에우리피데스

Chapter 01

회사가 내 모든 시간을
가져갈 이유는 없다

－－－－－－

　회사생활은 대부분 스트레스로 가득하다. 미치도록 바쁜 와중에 나름대로 그 안에서 작은 즐거움이라도 생길 때, 혹은 일과 관계 면에서 성장이나 발전을 느낄 때를 제외한다면 대체로 지루하고 갑갑한 것이 사실이다. 왜 그럴까? 왜 회사생활은 즐거울 수가 없는 걸까? 그건 아마도 회사와 사원의 관계가 계약관계이기 때문일 것이다. 나 자신이 주도할 수 없는 생활이니 당연히 '재미'를 느낄 수 없는 것이다. 물론 가끔은 즐거운 일도 있다. 하지만 직장생활이란 기본적으로 일하는 동안 누군가의 감시와 관리를 받는 환경이다. 그러니 어찌 즐거울 수 있겠는가. 직장인들은 우스갯소리로 "직장에서 즐거운 시간이란 직장 상사가 휴가나 교육, 혹은 출장을 가는 날."이라고 말하곤 한다. 혹자는 이런 날을 '어린이날'이라고 부르기도 한단다. 같은 직장인으로서 지극히 공감이 가는 표현이다.

그런데 가만히 생각해보면 직장인뿐 아니라 대부분이 '일터'에서 삶의 많은 시간을 보낸다. 그러면 일생에서 상당한 시간을 따분하게 혹은 스트레스를 받는 상태로 보내야 한다는 뜻인데, 이렇게 생각해보면 참 서글픈 일이다. 나만 해도 매일 약속된 시간에 출근해 최소 8시간 이상 내 자리를 지키며 10시간 이상을 직장에서 보냈다. 회사는 모든 직장인이 주어진 시간 동안 업무에 몰입하기를 바란다. 하지만 그게 어디 쉬운가. 절반이라도 효율을 내면 다행이겠지만, 실제로 효율성과는 상관없이 많은 경우 정해진 시간을 채워야 한다는 압박감을 받기 마련이다. 게다가 때때로 맞게 되는 불필요한 지시나 명확하지 않은 업무지시로부터 오는 중압감, 그리고 잦은 회의로 인한 에너지 소모를 느낀다. 야근과 저녁 회식 등은 또 어떤가. 요즘엔 많이 나아졌다고 하지만 어쨌든 회사를 통해 스트레스가 가중되는 일은 생각보다 비일비재하다. 심지어 직장은 대학교와 달리 땡땡이조차 불가능하다. 대학교에 다닐 때만 하더라도 내가 돈을 내고 강의를 듣는 것이기 때문에 가끔 땡땡이를 치더라도 아무도 뭐라 하지 않지만 직장은 이 반대의 경우이기 때문이다. 내가 돈을 받고 그만큼 일을 해주어야 하는 것이므로 땡땡이란 불가능하다.

내가 다녔던 포스코에서도 한때는 10분 단위로 직원들의 일과를 관리하려 했던 적이 있었다. 그러나 회사의 바람과 달리 10분 직원 관리란 잘 이루어지지 못했고, 결국 회사는 얼마 지나지 않아 이 관리법을 포기해야만 했다. 이처럼 직장생활이란 매일같이 반복되는,

루틴한 생활의 연속이다. 그렇게 한 달을 보내면 월급이 주어지는 생활을 1년, 10년, 30년이 되기까지 반복하다 퇴직을 맞는다.

누구는 두 마리 토끼를 잡고, 누구는 구경만 한다

최근 코로나19로 인해 많은 회사들이 사회적 거리두기 운동으로 재택근무를 도입하고 있다. 사내 회의나 교육, 행사는 그 규모가 축소되거나 취소되었고 회식 역시 자연스럽게 사라졌다. 비대면 회의 덕분에 시간과 공간의 이용 효율성이 자연스럽게 높아지게 되었으며, 일부 부서 외에는 야근조차 하지 않게 되었다. 이전까지 스트레스를 가중시키던 요소들이 상당히 줄어들게 된 것이다. 아마도 이러한 변화는 코로나 이후에도 지속될 것이다. 생각보다 효율성이 높다는 걸 알게 됐기 때문이다.

몇 년 전 TV 토론회에 나온 한 경영자가 다음과 같은 말을 한 적이 있다. "한국에서는 근로시간이 단축되면 기업의 경쟁력이 떨어지고 그로 인해 기업경영이 어려워진다."라고. 70~80년대에나 통용될 얘기였다. 한국의 회사들 역시 선진국들처럼 노동생산성을 높이는 방향으로 나아가야 한다. 근무 일수나 근무시간에 목을 매는 것은 구시대적인 사고방식이 되고 있다. 당장만 해도 그렇다. 코로나 이

후, 법정 근로시간이 주 52시간으로 단축되면서 업무강도는 그만큼 높아지고 있다. 근무시간의 단축이 오히려 업무를 효율적으로 소화하게 만드는 기점이 되었다는 뜻이다.

이런 업무 효율성은 비단 업무시간에만 해당되는 말이 아니다. '몰입'이라는 것은 우리 삶을 매우 효율적으로 살게 해준다. 정말 성공하는 사람은 일할 때도 열정적으로, 놀 때도 열정적이라는 말이 있다. 아무리 재미없고 스트레스가 많은 시간이라지만 그 시간을 몰입할 때 얻어내는 건 생각보다 많다. 회사와 나의 계약관계를 성실히 이행하고 있다는 신뢰감의 형성은 물론, 실질적인 커리어도 반드시 성장하기 마련이다. 앞에서도 이야기했지만 회사에서 어중간한 입장에서 이도저도 아닌 상태로 일을 한다면 회사 밖으로 나가게 될 때쯤 아무런 전문성도 없는 사람이 되고 만다. 회사에서는 일단 처음엔 '일 배우며 돈 받는다'라는 생각으로 일을 시작해, 능력이 무르익을 때쯤엔 '회사가 나를 원하게 만든다'라는 생각으로 일하다 퇴직이 가까워져 오면 '미래를 위해 일한다'라고 생각하고 일해야 한다.

회사를 위해 무조건 열심히 일하라는 뜻으로 하는 말이 아니다. 그것이 오롯이 내 삶을 위한 길이며 삶의 상당 부분을 투여하는 회사생활에서 내게 유익을 가져다주는 길이기 때문이다. 정말 식상한 소리지만 시간은 정말 금이다. 금 같은 시간을, 그것도 하루에 최소 8시간이 넘는 시간을 따분하게 보낸다면 나중에 남는 건 아무것도 없다. 그런 다음 할 일이 있다. 바로 업무시간 이후의 시간을 온전

히 내 것으로 만드는 것이다. 이는 업무시간에 내가 할 일을 충분히
해낸 사람이 누릴 수 있는 특권이다. 나는 카톡 알람은 물론이고 전
화까지 덮은 채 나 자신에게만 몰두했다. 업무시간에 충실할수록 나
자신을 위한 시간에도 충실할 수 있다. 업무시간에 충실하지 못하면
내 시간까지 회사가 가져가는 상황이 발생한다. 아마 이 말이 무슨
뜻인지 다들 잘 알 것이다.

　우리는 회사와 계약을 한 계약자들이다. 그러니 그 계약내용에

성실하게 임하자. 그리고 나머지 시간에는 '진짜 나'를 들여다보는 시간을 갖자. 그 시간을 확보해야만 내가 무엇을 좋아하는지, 내 꿈을 이루기 위해서는 무엇을 준비해야 할지, 또 어떻게 인생의 2막을 그려나갈지를 상상할 수 있다. 인생 2막을 시작해야 할 퇴직 즈음이 되면 그제야 내가 걸어온 직장생활을 객관적으로 보게 된다. 나는 내 시간과 회사에서의 시간을 모두 잘 활용한 사람인지, 내 시간도 없고 회사에서도 억지로 버텼던 그저 그렇게 시간을 흘려보내고 온 사람인지 말이다. 두 마리 토끼를 모두 잡을지 구경만 하는 사람이 될지는 지금 자신의 의지에 달려 있다.

Chapter 02

직장은 일하는 곳이지만
최고의 배움터이기도 하다

대부분의 직장인이 취직 후 어느 정도 시간이 지나고 나면 업무에 익숙해지면서 매너리즘에 빠지게 된다. 변화를 싫어하게 되고 새로운 것을 받아들이는 것 역시 귀찮아한다. 여태 별문제 없이 잘 해왔는데 왜 회사에서는 새로운 것을 도입하고 사용하려는지 이해가 되지 않는다. 그러나 이런 생각은 내 삶에 독이 될 수 있다. 세상은 지금 이 순간에도 변화하고 있으며, 새로운 지식과 정보가 홍수처럼 쏟아지고 있기 때문이다.

회사는 당연히 하루가 다르게 급변하는 세상에 맞추어 새로운 시스템을 도입하고 직원들을 교육시켜야 할 것이다. 회사가 잘못된 게 아니라는 얘기다. 직원의 입장에서는 당연히 피곤한 일상의 연속이겠지만 이러한 흐름에 맞춰가지 못하면 결국에는 도태되고 마는 것이 현실이다. 나 역시 이런 시간들을 보냈다. 그리고 나는 이 피곤한 시간들을 보내면서, 이를 이겨내기 위해 '배움'을 활용했다. 그리고 결과적으로 나와 회사 모두의 성장을 맛볼 수 있었다.

사실, 우리는 학교에 다니면서 많은 걸 배운다고 생각하지만 실은 직장에서 더 많은 것들을 배운다. 지식과 정보는 물론, 절대 학교에서 가르쳐줄 수 없는 현장의 생생한 경험과 어렵지만 잘만 풀어간다면 나를 엄청난 성장으로 이끌어줄 관계에 대한 것까지 말이다. 회사는 생각보다 나의 경험 쌓기와 배움을 지지해주며, 가만히 둘러보면 내 것으로 만들어 활용해볼 수 있는 콘텐츠 또한 엄청나게 많다. 내가 다니던 회사를 비롯해 많은 회사들이 직원들의 발전을 위한 다양한 제도들을 가지고 있음은 물론이다. 이것들을 적절히 활용하면 업무에서는 물론이고 개인적인 배움과 성장에도 큰 효과를 볼 수 있다. 나 같은 경우, 직장을 통해 다음과 같은 다섯 가지 배움의 기회를 가질 수 있었다.

첫 번째는 학교 교육이다.

나는 직장 덕분에 대학원에서 석박사학위를 취득할 수 있었고, 사이버대학교를 통해 학부 과정을 다시 한번 졸업할 수 있었다. 또한 일본으로 유학도 다녀올 수 있었다. 그리고 이렇게 취득한 학위는 업무에서 매우 유용하게 활용되었다.

두 번째는 외국어 공부다.

나는 직장을 통해 영어와 일본어, 그리고 중국어를 즐겁게 마스

터할 수 있었다. 온라인과 오프라인 교육뿐만 아니라 전화 외국어 개인교습 등을 통해 오랜 시간 배울 수 있는 기회가 주어졌던 것이다. 그렇게 마스터하게 된 영어와 일본어는 마케팅 부서에 있을 때 해외 출장과 일본 주재원 생활에서 큰 도움이 되었다.

세 번째는 6시그마(six sigma: 품질혁신과 고객만족을 달성하기 위해 전사적으로 실행하는 21세기형 기업경영 전략) 교육이다.

나는 6시그마 교육을 받는 과정에서 수행해야 했던 과제를 위해 1년 동안 Off-Job으로 업무 개선 활동을 했다. 그리고 이를 통해 이루어낸 성과 덕분에 상당한 금전적 보상 역시 받을 수 있었다.

네 번째는 벤처 교육이다.

사내벤처를 준비해가는 과정에서 합숙 교육을 통해 나는 이에 대한 심도 있는 교육을 받을 수 있었다. 2019년에는 사내벤처제안 심사의 본선에도 진출하여 치열한 경쟁을 경험해보기도 했다.

마지막 다섯 번째는 해외주재원 생활을 통한 배움이다.

나는 일본 오사카에서 4년간 영업활동을 했다. 그리고 이 짧지 않은 시간을 보낸 덕분에 일본의 문화와 상관습, 그리고 국민성 등 일본의 많은 요소들을 직접 체험하며 일본 문화를 배울 수 있었다.

이처럼 나는 회사에서 제공해주는 많은 기회를 바탕으로 다양한 배움의 시간을 가졌다. 그리고 이 배움을 업무에 활용하여 회사의 발전에 기여함과 동시에 '나'라는 사람에게도 큰 발전을 이끌어낼 수 있었다.

누구를 위한 배움인가

직장인들은 직급이 올라가고 나이가 들어갈수록 배움에 대한 의욕이 줄어든다고 한다. 승진교육이나 필수교육은 승진을 위해 어쩔 수 없이 받지만, 자기계발을 위한 교육은 "근무를 하면 얼마나 더 한다고 그런 것까지 들어야 해?"라고 말하며 받지 않으려 하는 것이다. 마치 제대를 눈앞에 둔 말년 병장처럼 말이다. 그러나 회사에서 제공하는 교육들을 잘 살펴보면 얼마든지 나 자신의 발전에 도움이 되는 부분들이 많이 있다. 경험상 말하건대, 내 돈을 들이지 않고 가장 크게 배움의 경험을 얻을 수 있는 곳은 직장만 한 곳이 없다. 한번 생각해보자. 직원을 성장시켜 회사를 발전시키는 데 있어 가장 많은 투자를 하는 곳이 어디일까? 그렇다. 답은 너무나도 뻔하다. 바로 회사인 것이다. 우리의 성장을 가장 바라며 지원해주려 하는 곳이 회사라는 이야기다. 그러니 이를 활용하지 않는다는 것은 얼마나 어리석은가? 직장이 직장인들에게 최고의 배움터가 될 수밖에 없는 이유다.

나는 죽을 때까지 인간은 공부해야 하는 존재라는 사실을 굳게 믿는 사람이다. 그건 누구도 아닌 나 자신을 위해서다. 분명 우리는 아는 만큼 볼 수 있고, 누릴 수 있고, 즐길 수 있다. 세상의 많은 것들을 내 것으로 만들고 관계를 유연하게 이끌어가며 자신감을 쌓을 수 있는 것은 바로 배움에서 나온다. 앞에서도 말했지만 세상은 급변하고 있기 때문에 오늘까지 내가 알던 것이 곧 과거의 것이 되고, 또 새로운 것들이 밀려 들어온다. 그 모든 걸 다 알 필요는 없지만 여러 세대와 소통하고 내 일에서 자신감을 얻으며 세상과 소통하고 나아가기 위해서는 배움에 대해 귀찮아할 것이 아니라 배움에 대한 적극적이고 긍정적인 자세가 필요하다.

회사에 최근 새로 들어온 사원이 IT는 물론이고 새로운 시스템 역시 너무 자연스럽고 쉽게 다뤄 부서원 모두가 놀란 적이 있다. 입사한 지 얼마 되지도 않은 신입이 여느 선배들 못지않게 업무를 척척 처리하는 모습을 보고 있자니 자연스럽게 '내가 퇴물이 된 건가?' 하는 생각도 들었다. 물론 나는 신입이 가지지 못한 다년간 축적된 노하우를 무기로 삼을 수도 있을 것이다. 하지만 정보가 넘쳐나는 현대에서 노하우를 바탕으로 밀고 나가는, '울며 겨자 먹기식 일처리'는 점점 더 어려워지고 있는 것이 현실이다. 이는 금방 밑천이 바닥나는 방식이기 때문이다.

과거에는 10년에 걸쳐 도입되던 것들이 이제는 1년도 채 되지 않아 실행으로 연결되고 있다. 배움이 없이는 직장에서도 생존하기 어려운 시대가 되어버렸다. 매년 새롭게 배치되는 우수한 신입사원들 탓에 중고 직원들은 이들에게 지식을 구걸하며 살아가야 할지도 모를 시대가 코앞까지 다가온 것이다. 그들에게 배우지 않으면 그저 권위를 앞세워 버티는 꼰대밖에는 되지 않는 꼴이 될지도 모른다. 이제 배움은 더 이상 선택이 아닌 생존을 위한 필수조건이 되었다.

그러니 배움을 결코 멈춰서는 안 된다. 특히 회사를 적극적으로 활용하고 직장 내에서 스스로를 성장시키고 업무 능률도 올리기 위한 공부가 반드시 이루어져야 한다. 단순히 회사를 위해서가 아니라 나 자신을 위해서 말이다.

한번 생각해보자. 당신은 직장을 배움의 터로 활용하고 있는가? 혹시 직장을 '근로를 통해 돈을 받는 곳'으로만 못 박지는 않았는가? 조금만 다른 시각을 가져본다면 얼마든지 직장을 통해 나도 성장하고 회사에도 기여할 수 있는 선순환의 구조를 만들 수 있다.

내 인생의 시스템을 어떻게 구축하는가가 나와 내가 있는 곳의 미래를 좌우한다. 회사는 '나'에게 그 어떤 곳보다도 훌륭한 서포트를 해줄 수 있는 곳임을 잊지 말고 활용해보길 바란다.

Chapter 03

학위취득이 내게 안겨준 선물

직장인들에게 "꿈이 뭐예요?"라고 물어보자. 대부분의 직장인들이 꿈에 대한 질문을 받으면 "꿈은 무슨 꿈? 꿈 같은 소리 하고 있다."라고 말하거나 "그냥 뭐, 승진?" 또는 "돈 많이 버는 거." 혹은 "좋은 회사로 스카우트되는 거." 정도로 답하곤 한다. 그러나 과연 이 대답들이 정말 그들의 꿈일까? 아니다. 우리는 직장인이 되기 전에 가졌던 꿈이 있었을 것이다. 내가 그러했듯이 말이다.

이 세상 모든 직장인들은 분명 자기만의 꿈이 있었을 것이고 또 그 꿈이 언젠가 이루어지리라는 막연한 기대도 가졌을 것이다. 그 꿈이 거창한 무언가가 아니라 여행이나 취미, 공부와 같은 소소한 것들일지라도 말이다. 문제는 이렇게 품고 있던 꿈이 시간이 흐르면 흐를수록 더 먼 이야기가 된다는 사실이다. 직장인이 된 이상 내 시간은 더 이상 내 것이 아닌 회사의 것이 되어버리기 때문이다. 참으로 슬픈 일이 아닐 수 없다.

만약 직장인이 자신의 시간을 스스로 경영할 수 있다면 어떻게 될까? 직장인들이 회사에서 보내는 시간은 그들의 인생 중 절반 이상을 차지한다 해도 과언이 아니다. 그렇다면 과연 이렇게 긴 시간을 주어진 일만 하며 보내는 것이 맞는 것일까? 아주 작은 꿈 하나조차 이루지 못하고 흘려보내는 삶을 한번 생각해보자. 이 얼마나 끔찍한 일인가? 그래서 우리에겐 계획이 필요하다. 30~40년이라는 직장생활 동안 어떻게 시간을 보내야 할지 고민하여 계획을 세우지 않으면 나만의 작은 꿈은 정말 그냥 꿈으로 간직한 채 가슴에 묻어야 할지 모른다.

나 역시 꿈이 있었다. 나는 대학 시절에 유학을 가고 싶었다. 미지의 세계에서 외국인들을 만나고, 외국 여학생들과 멋들어진 로맨스도 하는 등 그곳에서 해보고픈 나만의 낭만적인 꿈을 가졌었다. 당시만 하더라도 해외에서 박사학위를 딴 사람이 매우 귀했기에 "해외에서 박사학위를 받아오면 교수가 될 수 있지 않을까?"라는 생각도 내 꿈에 한몫했다. 그러나 나는 꿈을 실현할 수 없었다. 당시 우리 집은 어머니께서 생활비와 학비를 모두 벌어야 했기에 경제적으로 매우 어려웠다. 결국 나는 졸업과 동시에 취업해야만 했고, 그렇게 나의 유학에 대한 꿈은 사라지게 되었다.

시간이 흘러 2000년대 초가 되었고, 회사에서 사내벤처 제도가 생겼다. 직원들의 창의력과 도전정신을 키워내기 위해서였다. 나는 수차례 지원을 했지만 번번이 채택되지 못했고, 이를 통해 '내 의지만으로 될 일이 아니구나.'라는 사실을 깨달았다. 그래서 결심했다. 내 의지로 할 수 있는 것을 해야겠다고 말이다. 그렇게 나는 대학원 공부를 하기로 마음을 먹었다. 지금 하지 않으면 영영 못 할지도 모른다는 생각에 더 의욕이 솟았다. 평소 주변 사람들로부터 듣던 나의 '무대뽀' 기질이 불뚝 발동했다. 나는 곧장 박사과정 입학을 준비하여 2015년 3월부터 공부를 시작했다.

바라던 공부를 시작했지만, 공부를 핑계로 일에 소홀한 거 아니냐는 소리를 들을까 눈치가 보여 업무엔 더 열성을 다했다. 더불어 공부도 열정적으로 했다. 수업 준비를 위해 밤을 새우기도 했고, 시간이 부족할 때면 휴가까지 사용하며 공부에 최선을 다했다. 주말은 도서관에서 보내는 것이 일상이 되었고, 논문 제출을 위해 영어와 일본어 시험을 준비했으며, 졸업시험과 학회지 논문투고까지 그야말로 눈코 뜰 새 없이 바쁜 날들을 보냈다.

정말 쉽지 않은 시간이었지만 수업시간을 통해 이루어지는 열띤 토론과 식사시간에 다른 학우들과 나누었던 이야기꽃, 그리고 대만과 중국에서 개최된 학술대회 참석과 같은 시간들은 공부를 위해 내가 견뎌내야 하는 고통을 한 방에 날려줄 정도로 값진 경험이었다. 회사생활에서는 결코 느끼지 못할, 그 어떤 직장인도 누리지 못할 즐거운 경험이자 시간이었다. 무엇보다 꿈을 향해 나아가는 나 자신의 모습이 너무너무 좋았다. 그렇게 나는 무사히 대학원 수업을 마칠 수 있었고, 하나의 꿈을 이루고 나자 다음 꿈이 요동치기 시작했다. 그건 바로 '유학'이었다.

나 홀로 일본살이,
이바라키와 쿄토의 여름은 생각보다 더웠다

앞서 이야기했듯, 나는 학창시절부터 유학에 대한 로망이 있었다. 그리고 회사에는 자기계발 휴직제도가 있었다. 물론 망설임이 전혀 없었던 건 아니었다. "50대인 내가 유학을 할 수 있을까?"라는 생각이 들기도 했고 "내가 휴직을 하겠다고 하면 회사 사람들이나 가족은 어떻게 생각할까?"라는 생각도 들었다. 하지만 결국 용기를 내어 인사부서를 찾아갔다. 그리고 유학을 위한 휴직이 가능한지 문의했다. 결과는 YES! 나는 인사부서로부터 "휴직이 가능하다."라는 답변을 들을 수 있었다.

내가 유학길에 오를 수 있게 가장 큰 지지를 보내준 사람은 아내와 지도교수였다. 주변 사람들은 내가 유학에 나설 예정이라고 말하자 하나같이 "나이도 있는데 왜 그렇게 무리해서 공부하려고 해?"라며 반대했지만, 오직 아내와 지도교수만이 그런 나를 지지해준 것이다. 그렇게 휴직을 하고 유학길에 올랐다. 유학생활을 하는 데에 드는 비용은 회사의 도움을 받지 않고 재테크한 돈으로 하기로 했다. 평생을 꿈꿔왔던 일인 만큼 여기에 투자하는 돈과 시간은 하나도 아깝지 않았다. 그만큼 유학에 대한 내 의지는 강했다.

"정말로 유학을 떠날 줄은 몰랐다."라는 주변 사람들의 놀람을 뒤로 하고 시작된 유학 생활은 어려움도 있었지만 그보다는 매일같이 새로운 발견과 경험들로 가득했다. 그야말로 잔뜩 부푼 가슴을 안고 오게 된 내게 그 이상의 감동을 준 시간이었다. 벚꽃이 만발한 캠퍼스에는 항상 젊은이들이 가득했고, 그런 어린 학생들을 보며 나는 나의 신입생 시절을 떠올렸다. 축제를 보며 다시 학창 시절로 돌아간 듯한 기분을 느끼며 과거에 축제 파트너를 찾고자 미팅을 했던 기억도 떠올렸다. 때로는 학교 근처 이자카야에 홀로 앉아 "내 삶은 여느 직장인들보다 훨씬 역동적이구나."라고 느끼며 만족스러운 웃음과 함께 사케 한 잔을 털어 넣곤 했다. 정말이지 직장생활을 하면서는 결코 맛볼 수 없는, 꿈만 같은 시간이었다.

나의 유학이라는 선택에는 당연히 내가 포기해야 하는 것들이 있었다. 예를 들면 승진이 더뎌진다든가 큰 비용이 든다든가 하는 것들 말이다. 하지만 중요한 것은 그런 것들이 꿈을 실현하는 시간에는 절대로 비할 수 없는 것들이란 사실이다. 나는 내가 '유학'이라는 꿈을 얼마나 간절히 원했는지, 얼마나 가슴 깊이 품고 살아왔는지를 잘 알고 있었다. 나는 꿈을 실현하기 위한 걸음을 떼었고, 그렇게 실현된 나의 늦깎이 유학은 말로 할 수 없을 만큼 행복한 시간이었다. 다시 과거로 돌아간다 해도 나는 한 치의 망설임도 없이 또다시 유학이라는 길을 선택할 것이다.

초쿠바대학교 입학식.
다시 과거로 돌아간다 해도
나는 한 치의 망설임도 없이 또다시 유학이라는 길을 선택할 것이다.

박사학위는 인격과 품격을 높여주었다

　2019년 2월, 마침내 나는 박사학위를 받게 되었다. 많은 사람들이 나의 성취를 축하해주었다. 가족을 비롯한 직장동료들과 친구들의 격려 역시 큰 힘이 되어주었기에 가능한 일이었다. 다른 누구보다도 유학을 다녀오느라 많은 시간을 함께하지 못했음에도 이를 이해해주고 응원해준 가족들에게 너무나 고마웠다. 그리고 그들이 있음에 너무나 행복했다. 또한 일찍 홀로 되시어 자신보다도 자식들을 위해 삶을 희생하신 어머니의 영전에 영광을 바치며 많은 눈물을 흘렸다. 그래서일까. 지금도 어머니를 생각하면 어떤 어려움도 극복할 수 있다는 생각이 들고는 한다.

30년간 근무한 포스코에게도 역시나 감사를 전하지 않을 수 없다. 일본에 유학을 다녀올 수 있도록 2년간의 휴직을 허락해주었을 뿐만 아니라 논문을 활용할 수 있도록 나를 안전전략사무국으로 복직시켜주기도 했다. 나는 복직한 부서에서 안전문화를 정착시키는 업무를 담당하여 안전신뢰수준을 조사·분석했고, 그렇게 직원들의 안전의식을 높이는 데에 기여할 수 있었다. 또한 박사학위는 내 퇴직 후의 삶에도 엄청난 동력이자 기반이 되어주었다. 학위를 취득했다는 것이 교육부가 주관하는 연구교수에 지원할 수 있는 기회와, 사회적 기업가로 활동할 수 있는 계기를 만들어준 것이다.

늦깎이 학생으로 시작한 만큼 커다란 부담감을 극복하며 학위과정을 마쳤기에, 나는 내 힘으로 꿈을 이루어내었다는 사실에 가슴이 벅찼다. 그만큼 정말 큰 보람을 느낄 수 있었던 성취였다. 학위를 따기까지의 과정은 내게 있어 학문적 성장뿐만 아니라 인생에서 큰 배움의 장이 되어준 시간이었다. 나는 이 과정을 걸으며 지속적으로 긴장했고, 또 살면서 가장 깊은 고민에 빠지기도 했다. 한편으로는 스스로 아쉬움과 부끄러움을 느끼며 부족한 나를 성찰하는 계기가 되기도 했다. 무엇보다 나는 학위를 손에 넣음으로써 그전보다 훨씬 자신감 넘치는 삶을 살아갈 수 있었다.

하루하루 삶에 찌들어 살아가는 직장인에게 "꿈이 뭐예요?"라는 말은 매우 난감한 질문일 수 있다. 하지만 나는 이제 이 질문을 후배들에게 당당하게 물을 것이다. 그들에게 꿈이 무엇인지 물어보고 그것을 끄집어내어 하나씩 이루어가라고 말할 것이다. 그리고 이렇게 말해주리라. "내 삶의 시간은 내 것이야. 직장생활을 한다고 해서 내 삶이 끝나거나 내 꿈이 사라지는 게 아니야. 그 시간을 충분히 내 편으로 만들고, 그것을 어떻게 운용할지 스스로 고민하고, 결정했다면 실행에 옮겨봐! 나도 해냈는데 너는 더 잘하겠지!"라고.

요즘에는 회사 내에서도 적극적으로 유학을 도와주는 시스템이 있다. 이런 것들을 알아보고 활용하기를 바란다. 회사가 보내주는 유학은 근무로 인정해주며, 승진에도 불이익이 없다. 급여와 유학비용도 다 대준다. 정 안 되면 자비로 유학을 다녀오는 것도 얼마든지 가능하다. 본인이 원한다면 학위과정을 휴직으로 인정해주기도 한다. 포스코의 경우, 자기계발 휴직제도가 있다. 이 제도를 활용하면 국내는 물론이고 해외에서도 석박사 과정을 마칠 수 있다. 무엇보다 직장을 다니면서 공부하면 좋은 점은 취업 걱정을 하지 않아도 된다는 것이다. 때문에 요즘에는 학교에서도 직장인을 선호한다. 뿐만 아니라 박사학위를 받고 나면 정부에서 지원하는 다양한 프로그램들이 있기에 이를 활용하는 것 역시 가능해진다. 퇴직 후 취업이 훨씬 수월해지며 선택지도 넓어지는 것이다. 이런 제도가 있는데 대체 무

고려대학교 박사학위 수여식.
그 누구도 우리의 삶을 대신 살아주지 않는다.
내 꿈은 나 스스로 개척하고 이루어나가야 한다.

엇이 당신을 주저하게 만드는가. 만약 그런 요소가 있다면 그것부터
점검하는 시간을 가져보길 바란다.

그 누구도 우리의 삶을 대신 살아주지 않는다. 내 꿈은 나 스스로
개척하고 이루어나가야 한다. 내가 어디에 몸을 담고 있든, 지금 어
떤 삶을 살고 있든 나의 시간은 내 것이다. 이를 잊지 말고 꿈을 이
루어내는 삶을 살기를 진심으로 바라며 응원한다.

Chapter 04

직장인에게 맞는
학위취득 공부법은 따로 있다

솔개는 최장 70년 이상 살 수 있다고 한다. 그러나 40년 정도 지나면 발톱, 부리, 깃털 등이 노화하여 사냥감을 제대로 잡을 수 없는 상태가 된다. 이때 솔개는 두 가지 선택을 할 수 있다. 하나는 그대로 굶어 죽을 날을 기다리는 것이고, 다른 하나는 매우 고통스런 갱생과정을 수행하는 것이다. 갱생의 길을 선택한 솔개는 산 정상으로 높이 올라가 그곳에 둥지를 짓고 6개월간 고통스런 수행을 시작하는데, 먼저 부리로 바위를 쪼아 부리가 깨지고 빠지게 만든다. 그렇게 부리가 빠지고 나면 서서히 새로운 부리가 돋아난다고 한다. 새로운 삶을 살기 위해서 부리를 바위에 쪼아대는 그 고통을 상상해보라. 솔개의 갱생과정을 보면 백세시대를 살아가는 지금의 우리에게 큰 교훈을 준다.

이 솔개의 이야기는 진실이 아니라 우화라고 하는 사람도 있다. 조류 중 부리가 상한 뒤 다시 자라나는 조류는 없다고 하며 솔개의 수명은 평균 20년 정도라는 것이다. 이 이야기가 사실이든 아니든 시사하는 점은 확실하다. 고통스러운 재탄생 과정을 겪지 않고서는 새로운 미래를 만들 수 없다는 사실이다. 과거에 얽매이고 현실의 나를 직시하지 못하면 인생 후반전이 힘들 수도 있다. 돈과 건강만이 인생의 전부가 아니며 행복하고 의미 있는 인생을 살기 위해서는 더 많은 것이 필요하다.

나는 박사과정 진학을 항상 마음 한구석에 담고 살았다. 하지만 다음에 하면 되지, 하는 생각으로 차일피일 미루며 직장생활에 치여 살고 있었다. 포항에 계신 나의 대부님께서는 만날 때마다 더 늦기 전에 공부하라고 말씀하셨다. 일본 주재원으로 갈 때도 일본 현지에서 직장생활을 하며 대학원에 진학할 방법은 없는지 알아보라고 하셨다. 당시만 해도 마음의 여유가 없었고 공부가 절실하지 않았다. 나이 50이나 되어서야 정신이 번쩍 들면서, 이렇게 허겁지겁 하루하루 치이듯이 살면 안 되겠다는 생각이 들었다. 직장생활에서도, 퇴직후에도 의미 있는 나의 미래가 없을 것 같았다. 그렇게 나는 솔개의 갱생과정을 선택하고야 말았다.

이번 장에서는 직장인 중 학위를 취득하고 싶다는 꿈을 가진 이들에게 몇 가지 팁을 말해주려고 한다. 내가 경험을 통해 터득한 생생한 팁이므로 잘 알아두었다가 활용하길 바란다.

직장인이 학위를 취득할 때 참고해야 할 5가지 팁

첫째, 학교 선정을 잘해야 한다.

박사과정의 핵심은 학교 선정이다. 나는 고려대학교로 진학했다. 학교를 결정하기까지 우여곡절이 있었다. 대담하게도 처음에는 일본 고베에 있는 고베대학교 상학과로 진학하려 했다. 학교 홈페이지를 통해 지도교수를 찾아 이메일로 연락을 하며 진학을 타진했다. 내가 쓰고 싶은 테마로 연구를 한 교수의 이름을 찾아보니 중국계인 듯했다. 그분께 이메일을 보내, 입학하여 지도를 받고 싶다는 뜻을 전했다. 이메일을 두 번 정도 주고받았지만 그 이후 연락이 두절되었다. 회신을 받지 못해 얼마나 답답한지 참다못해 고베대학교에서 한국어를 지도하시는 한국 교수님을 수소문하여 도움을 요청했다. 지금 상황을 설명하고 고베대학교 상학과 교수님에게 얘기해서 내게 회신을 하도록 부탁드렸다. 이런 노력을 몇 차례 하였으나 실패하고 말았다. 한국인 교수님은 다른 교수님을 접촉해 보는 게 좋을 것 같다고 말씀해 주셨다. 그래도 연락이 올지 모르겠다는 생각으로 2주를 더 기다렸지만 끝내 연락이 없었다.

나는 한국인 교수님의 소개를 받아 다른 교수님을 찾아 이메일로 입학을 타진했다. 이분은 일본인으로 학내 평판이 좋은 분이라고 했다. 아니나 다를까 이메일을 보내자마자 바로 회신을 받을 수 있었다. 학교에 와서 얘기해보자는 것이다. 약속 일정을 잡아 고베로 출발하려고 준비했다. 하지만 출발 1주일 전 나를 만날 수 없다는 이 메일을 받았다. 처음 접촉한 중국계 교수께서 내가 본인을 만난다는 사실을 어찌 알았는지 불만을 제기했다는 것이다. 나를 여기저기 접촉하는 이상한 사람이라고 했다고 한다. 그래서 나와 입학에 관한 얘기를 하는 것은 적절하지 않은 것 같으므로, 중국계 교수와 얘기해보라는 것이다.

나는 이 일로 기분이 몹시 나빴다. 거의 한 달 동안 회신도 주지 않고 있다가 고춧가루 뿌리는 중국계 교수가 원망스러웠다. 이번 일로 상심하고 있을 때 꼭 유학을 가야 하나, 하는 생각이 들었다. 새로운 환경에 적응하는 게 여간 힘들지 않을 것 같았다. 차라리 국내에서 찾아보자는 생각이 들었고, 멀리서 찾을 게 아니라 학부 때 다닌 모교로 입학을 하게 되었다. 지금 생각해도 좋은 선택이었다.

모교일 경우 우선 익숙하고 편안한 상태에서 접근할 수 있다. 특히 지원하고자 하는 연구실의 지도교수님과 면담을 통해 입학 가능여부, 해당 연구실의 실무, 장학금 등의 학비 지원 등에 대한 정보를 좀 더 쉽고 편안하게 얻을 수 있다. 주로 학부 때 교수님들이 지도교수가 되기 때문에, 별도로 지도교수의 성향을 알아보기 위한 노력이 필요치 않다. 잘 모르는 교수라면 나에게 적절할지 내가 좀 더 쉽게 접근할 수 있을지 등을 알아보는 별도의 노력이 필요하다. 또한 박사과정은 2년여에 걸쳐 수료하나 학위를 받기까지는 수료 후에도 몇년이 더 소요된다. 특히 해외의 경우 학위를 받기까지 몇 년이 걸릴지 모르기 때문에 직장을 다니며 해외지도교수에게 논문심사를 받는 것은 어렵다.

둘째, 지도교수 선택이 중요하다.

학교 선택 다음으로 중요한 것은, 본인의 상황에 맞는 지도교수를 찾는 것이다. 나는 20여 년 전에 석사 과정을 했기 때문에 학교 사정이나 알고 지내는 교수가 없었다. 이런 어려움으로 고베대학교 유학 준비를 할 때는 서 교수님의 도움을 받았다. 교수님은 고려대학교 교수로 재직하고 있었으며 학부 때부터 알고 지내던 사이다. 교수님은 내가 고베대학교 유학이 어렵게 되었다는 것을 알고 있었다. 실의에 빠져있던 내게 박사과정에 진학할 생각이 아직도 있느냐고 물었고, 내가 그렇다고 대답하자 얼마 후 다시 만났을 때 자신이 지도해주겠다고 제안을 했다. 처음에는 농담으로 받아들였으나 교수님은 진심이었다. 잠시 고민한 후 정중하게 지도를 부탁드렸다.

사실은 논문 지도 때 매우 힘들게 하는 교수들도 있다고 들어서 그게 제일 걱정이 되었다. 그러나 나는 교수님이 학부 때부터 매사에 아주 원칙대로 처리하시는 분으로 내게 특혜를 줄 리도 없지만, 쓸데없이 힘들게 하지도 않을 분이라는 것을 알고 있었다. 이런 사연으로 서 교수님으로부터 박사학위 논문을 지도받게 되었다. 다른 학생들과 똑같이 수업을 받고 해야 할 것은 모두 했다. 편의를 봐준 것도, 내가 부탁한 것도 없었다. 오히려 서로 부담스러웠다. 나는 입학 이후 졸업 때까지 깍듯이 교수님으로 모셨으며 모든 행동에 있어서 항상 스승과 제자였다.

또 한 분을 지도교수로 모실 수 있었다. 일본 츠쿠바대학교 辻中豐(쯔지나까유다) 교수님으로, 부총장을 역임한 덕망 있는 행정학과 교수였다. 그는 석사 과정에서 나를 지도해준 고려대학교 총장인 염 교수님의 절친이기도 했다. 총장님을 뵐 기회가 있어 교환학생 프로그램으로 일본에 연구를 위해 다녀오고 싶다고 말씀드렸더니 쯔지나까 교수님을 소개해 주셨다. 내가 쓰려고 하는 논문도 마침 정책이라 쯔지나까 교수님에게 지도를 받으면 많은 도움이 될 것 같았다. 서 교수님도 쯔지나까 교수님을 알고 계셨기에 논문 지도받는 것을 흔쾌히 허락해주셨다. 물론 모든 논문 진행 과정은 서 교수님과 상의했다.

쯔지나까 교수님은 참으로 자상하셨다. 나는 거의 매주 한 번씩 교수님 연구실에서 1:1로 지도를 받았다. 논문 구성과 실증적 연구 방법에 대해 깊이 있는 지도를 받았다. 또한 접촉하기 힘든 사람들을 만날 수 있도록 연락해주고 접근하기 힘든 자료도 구해주셨다. 정말 교수님이 아니었다면 논문을 쓸 수 없을지 모른다. 이렇게 나는 한국과 일본에서 두 분 지도교수님을 모시고 논문을 썼다. 영향력 있고 실력 있는 지도교수님을 두 분이나 모신다는 건 내게 행운이자 행복이었다. 지나고 생각해보아도 박사 학위 과정에서 지도교수만큼 중요한 건 없는 것 같다.

셋째, 논문 주제를 잘 선택해야 한다.

논문 주제 선정 또한 매우 중요하다. 주제는 박사과정 입학 전에 준비하는 게 좋다. 그렇지 못하더라도 진학 후 1년 내에는 지도교수님과 상의하여 정해야 한다. 논문을 2년간 준비하다가 주제를 바꾼 선배 학우가 있었다. 그는 어마무시한 스트레스를 받았다. 그런 경우 처음부터 새로 시작해야 한다는 심적 부담이 상상을 초월하는 것을 보았다. 나도 입학 전에는 '한중일 철강산업 발전과정'을 테마로 정했다. 수업을 받으며 1년여간 학술발표도 해보고 선행연구도 찾아보았는데 하고 싶다는 감흥이 오지 않았다. 교수님께 논문 주제를 바꾸고 싶다고 말씀드렸더니 고민해보고 얘기해 달라고 하셨다. 나는 인문학을 가미한 정책학 분야를 공부하고 싶었다. 향후 30년 이상 연구할 수 있는 분야를 찾고 있었기 때문이다. 결국 찾은 주제가 '재난안전'이었다.

지도교수님에게 말씀드렸더니 구체적으로 무엇을 쓸 것인지 고민해 보라고 하셨다. 도무지 무엇을 쓸지 찾을 수가 없었다. 한번은 지도교수님의 은사인 문 교수님을 모시고 연구계획서를 소개할 기회가 있었다. 교수님께서 재난안전이라면 '원자력안전'이 최고라고 코멘트를 해주셨다. 사실 그때까지만 해도 나는 원자력에 대해 아는 게 없었다. 불가능하다고 말씀드렸더니, 지금부터 공부하고 실증적 연구로 접근하면 불가능한 것은 아니라고 말씀하셨다. 그것이 계기가 되어 '한국과 일본의 원자력안전관리시스템에 관한 실증적 비교연구'를 주제로 정하게 되었다. 우연한 기회에 논문 주제를 정하게 되었고, 그것이 계기가 되어 재난안전 연구를 시작하게 되었다.

박사 과정은 녹록지 않기 때문에 논문 주제는 잘못 설정할 경우 긴 시간 스트레스로 다가온다. 따라서 최대한 신중하게 고민하고 많은 분들에게 자문을 구해라. 한 번 결정한 후에 바꾸는 일은 쉽지 않으므로, 처음 선택할 때 여러 면에서 고민하는 것이 좋다.

넷째, 직장인에게 스피드는 생명이다.

수업과 논문심사는 최단기간 내에 끝내야 한다. 보통 수업연한은 2년이고 36학점을 이수해야 한다. 직장생활을 하며 수업을 듣는다는 건 생각보다 어렵다. 나의 경우에는 휴가를 몽땅 다 쓰며 수업을 들었다. 회사에 받을 수 있는 연차 휴가가 부족할 때면 월급 개념으로 받는 월차 휴가까지 몽땅 사용해야만 했다. 이런 이유로 2년 동안 여름휴가나 개인 일로 보내야 하는 휴가를 쓸 수 없었다. 가족들에게는 미안했지만 이렇게까지 해서라도 빨리 수업을 마치고 싶었다. 학점은 크게 신경 쓰지 않았다. 보통은 B 이상을 받지만, 열심히 노력한 덕분에 모든 과목을 A 이상 받을 수 있었다. 사실 박사과정은 학점보다도 수업 중 발표, 학술 발표, 논문투고가 중요하다. 나는 논문심사에 필요한 조건들을 끝내기 위해 입학 때부터 준비했다. 입학 1년 차에 영어와 일본어 시험을 통과하였고, 3학기에는 종합시험에 합격했다. 학술지에 논문 3편을 실어야 하는데, 생각보다 쉽지 않았다. 학위 논문심사를 받기 직전에서야 3편을 게재할 수 있었다. 다행히 학위 논문 심사 전까지 게재하면 되었다. 학위 논문 심사 전에 해야 하는 것은 무조건 최단기간 내에 완료하는 것을 목표로 하여 매진했다. 그렇지 않으면 중간에 휴학을 하거나 이것들을 준비하기 위해 논문작성과 심사까지 시간이 더 소요될 것 같았다. 몇몇 학우들은 이런 것들을 준비하느라 휴학을 하거나 시간이 1~2년 더 소요되는 것을 보았다. 가능하면 논문심사를 받기 위해 필요한 것들은 빨리 끝내는 게 좋다.

논문 역시 최단시간 안에 집중해서 써야 한다. 나는 박사과정에 입학하기 전까지만 해도 논문쓰기의 어려움을 정확히 몰랐다. 회사에서 보고서 만들듯 대충 짜깁기하고 내 생각을 더하면 되겠지 하는 생각을 가지고 있었다. 용감해서 무식했던 것 같다. 이러한 이유로 연구계획서 작성부터 벽에 부딪히기 시작했다. 선행연구를 조사하고 내가 연구할 부분을 찾는 것부터 잘되지 않았다. 많이 부족한 상태였지만 일단 연구계획서는 어찌어찌하여 통과했다. 하지만 직장생활하며 논문 쓰기가 만만치 않았다. 집중할 수도 없었으며 회사업무 스트레스도 심했다. 이런 상태라면 공부도 업무도 둘 다 안 되겠다는 생각이 들었다. 논문을 빨리 쓰고 끝내려면 뭔가 특단의 조치가 필요할 것 같았다.

일단 회사에 자기계발 휴직을 사용할 수 있는지 문의해보았다. 회사에 이런 제도가 있다는 사실은 알고 있었지만 내가 사용할 수

츠쿠바대학교 전경.
직장인으로 나이가 들어서 이렇게 공부하느냐 하지만,
누구나 충분히 해낼 수 있다. 솔개가 자신의 부리를 갈아 혁신을 하며
40년간 새롭게 살아갈 방법을 찾듯이 말이다.

있을 거라고는 생각하지 못했다. 그냥 퇴직하고 공부하라는 대답이
돌아올 것으로 생각했다. 밑져봐야 본전이라는 심정으로 인사부서
에 문의했더니 의외로 사용해도 된다는 것이었다. 일단 1년간 회사
를 휴직하고 쯔쿠바대학교로 유학을 가서 논문을 다 쓰고 돌아오기
로 했다. 밤낮없이 매일 쓰면 될 것 같은 생각이 들었다. 아무도 없으
니 집중도 잘되고 원전 사고가 난 후쿠시마 근처에 가면 뭔가 영감
같은 것이 생길 것 같았다.

　도착해서부터 매일 도서관에 하루종일 앉아 논문을 썼다. 생각처

럼 진도가 나가지 않았다. 하루종일 앉아 있는데 한 줄도 못 쓰는 날이 많았다. 한 주가 가고 한 달이 흘러도 마찬가지였다. 이때 유학을 떠나기 전에 지도교수님이 한 말씀이 생각났다. 무조건 하루에 10장 이상 쓰라고. 못쓰겠으면 남의 논문을 베껴서라도 쓰라고 했다. 그런 다음 고치고, 바꾸며 내 논문으로 만들라고 했다. 처음에는 이해를 못했지만 시간이 지나며 무슨 뜻인지 이해가 되었다. 논문 준비 차 인터뷰에서 만난 교수님의 말씀도 다르지 않았다. 대학원생에게 논문 지도를 할 때 본인이 쓰고 싶은 분야의 논문 중에 가장 잘 썼다는 논문 한 편을 찾아 똑같이 베껴오라고 한다. 그런 다음 자기가 하려는 내용으로 그 위에 덮어씌우도록 한다는 것이다. 이렇게 하면 논문의 구조와 형태를 자연스럽게 익힐 수 있게 된다고 했다. 내가 경험해봐도 정말 괜찮은 방법이었다.

직장인에게 스피드는 생명이다. 학생 때처럼 시간이 계속해서 주어지는 게 아니기 때문에 주어진 시간에 최대한 몰입해 최선의 결과를 낼 방법을 찾아야 한다. 다시 올지 모르는 기회를 잡았다는 사실을 명심하고 매 순간의 선택에 몰입하자.

다섯째, 지도교수님, 심사위원들과 교류 시간을 많이 가져야 한다.

지도교수님의 매 학기 수업을 듣는 것은 기본이다. 수료 후 논문 작성 중에도 가능하면 수업을 듣는 게 유리하다. 또 심사를 해주실 교수님들의 수업을 들으며 학문적인 교류의 시간을 갖는 게 좋다.

학술대회에도 적극적으로 참여하여 발표하고 교수님들에게 평가를 받아보는 시간도 유용하다. 자신의 논문 주제를 되도록 많이 노출해서 검증받고 부족한 부분을 보완해 나가는 과정도 필요하다.

츠쿠바대학교에 있을 때 하루는 박사학위 논문 심사에 들어가 본 적이 있다. 사회학과 한국 여학생이 심사를 받고 있었는데, 10분도 되지 않아 끝났다. 통과되었다는 것이다. 먼저 2차례 심사를 했다고는 하지만 이렇게 쉽게 끝나다니 놀라웠다. 어떻게 된 거냐고 학생에게 물어보았다. 오늘 심사 전에 교수님들께 몇 차례인지 모를 정도로 여러 차례 방문하여 일일이 설명을 드리고 주신 의견은 모두 반영했다는 것이다. 그래서 오늘 심사가 빨리 끝날 수 있었다고 했다. 그냥 쉽게 되는 것은 아무것도 없다. 심사위원들도 사람인지라 끝까지 하겠다는 학생을 외면할 수는 없다. 물러서고 피하지 말고 부딪히고 덤벼야 한다.

위에서 다섯 가지를 이야기했지만, 그중에서도 두 가지는 반드시 심사숙고해야 한다. 하나는 본인이 감당할 수 있는 주제 선택과 범위를 정해야 한다는 것이고, 또 다른 하나는 지도교수님을 잘 만나야 한다는 것이다. 특히 지도교수님을 찾을 때 평소 알고 있는 분이나 그렇지 않은 경우에는 제대로 알아본 후에 선택해야 한다. 나 같은 경우에는 운이 좋게도 학교와 훌륭한 지도교수님을 만났다. 실제로 많은 대학원생들은 논문을 쓰는 과정에 여러 가지 예상치 못한 일들이 발생하기도 한다. 불행하게도 지도교수님과 마찰로 논문쓰기를 포기하는 사람들도 있고, 더 심한 경우에는 정신과 치료를 받는 것도 본 적이 있다. 그렇지만 본인이 신경 써서 많이 준비하면 좋은 환경에서 시작하는 것도 가능하다. 직장인으로 나이가 들어서 어떻게 공부하느냐 하지만, 뜻이 있으면 누구나 충분히 해낼 수 있다. 솔개가 자신의 부리를 갈아 혁신을 하며 40년간 새롭게 살아갈 방법을 찾듯이 말이다.

Chapter 05

스펙은 입사 전이 아니라
입사 후에 쌓아라

———

스펙이 꼭 필요한가? 최근 일부 정치인들이 자식들의 조작된 스펙 쌓기로 세상이 시끄럽다. 아빠 찬스로 불공정하다는 것이다. 이런 문제 때문일까? 서류심사에서 블라인더 제도를 많이 도입하고 있다. 하지만 면접에서 20~30분 내에 그 사람이 어떤 사람인지 판단하는 것은 쉽지 않은 일이다. 모두 철저한 준비를 해오기 때문에 답변이 거의 비슷하고 정답에 가깝다고 한다.

따라서 면접과 시험에 앞서 어떤 사람을 판단하는 데 있어 일정 부분 스펙은 필요하다. 우리는 대학을 입학하고, 취업하고, 어딘가에 응시할 때에는 서류심사에서 그 사람의 스펙을 먼저 보게 된다. 그리고 면접과 시험을 치른다. 그래서 우리는 입사 전부터 스펙 쌓기에 많은 시간과 돈을 들인다. 좋은 대학에 입학하기 위해서는 내신성적, 수능점수, 봉사점수, 담임평가를 잘 받기 위해 노력한다. 입학 후에는 취업을 위한 학점, 어학점수, IT능력, 유학 경력, 인턴 경력을 쌓기 위해 정신없이 뛰어야 한다. 이렇게 해도 낙타가 바늘구멍 통과하는 것만큼 취업은 어렵다.

그런데 이렇게 입사 전 쌓은 스펙은 직장에서 얼마나 활용될까? 생각보다 쓰임새가 많지 않다. 보고서 작성에 IT능력이 필요하고 외국인과 대화에 어학능력이 필요하지만 점수화된 스펙이 필요한 것은 아니기 때문이다. 오히려 실무 경험이 많고 점수와 상관없이 외국인을 접촉한 경험이 많은 경우 더 활용도가 높을 수 있다. 아는 후배는 엄청나게 많은 자격증 시험을 준비해서 겨우 회사에 들어갔는데, 정작 가장 많이 활용하는 건 운전면허증밖에 없더라는 우스갯소리를 하기도 했다. 또 많은 사람이 목숨을 거는 학점, 봉사활동 실적이 그 사람의 업무 능력을 높여 주는 것도 아니다. 실제로 입사 전 쌓은 스펙이 입사 후 그 사람의 능력과 부합하지 않는 경우도 많다. 이렇게 보면 입사 전에 쌓은 스펙은 그냥 참고 자료에 지나지 않는다.

필요한 스펙은 직장에서 쌓아라

회사는 절대 그 사람의 스펙만을 보고 평가하지 않는다. 이 사실을 안다면 취업 전에 스펙을 쌓는 데 급급하기보다는 조금 더 모험적인 도전을 하며 특별한 경험을 쌓는 것이 좋을 수도 있다. 더욱이 내 경험으로 볼 때 마음만 먹으면 직장에서도 스펙 쌓을 기회는 얼마든지 있다. 나는 내신성적과 학력고사 점수로 대학을 입학한 세대이다. 그래서 요즘 세대들과는 달리 비교적 쉽게 대학에 입학할 수 있었다. 80년대 후반에 졸업해서 취업도 무난히 되는 시기였다. 그래서인지 대학 재학 중에도 딱히 스펙을 쌓기 위해 공부한 기억은 없다. 지금 생각해보니 당시 컴퓨터를 본 적이 없었고, 인터넷도 나오기 전이었다. 유학이 어려웠기 때문에 영어 공부도 필요하지 않았다. 그래서인지 나는 대학 졸업장과 몸둥아리 하나로 면접 심사를 거쳐 포스코에 입사했다. 대학졸업장 말고는 아무런 스펙이 없는 셈이다. 입사 할때만 해도 국내경기는 초호황기로 직장 내에서 편안하게 보낼 수 있었다. 주로 정신교육을 많이 받은 기억이 난다. 그러던 중 우연한 기회에 학교에서 공부를 더 하고 싶어졌고, 그제야 직장에서 나의 스펙 쌓기가 시작되었다.

회사에서 내가 쌓고 싶은 스펙은 크게 세 가지였다.

첫째, 학력에 대한 욕심이 있었다.

90년대 초 고려대학교에서 국제대학원이 신설되어 재수 끝에 입학하였다. 졸업 후에는 언젠가 유학도 가고 싶었다. 그렇게 시간이 흘러 2015년에는 고려대학교 문과대학교에서 박사 학위과정을 밟게 되었고, 일본 츠쿠바대학교에서 유학을 마친 후 리츠메이칸대학교에서 연구원 생활을 하였다. 유학 중에는 세종사이버대학교 한국어학과에 학사로 편입해 공부했다. 취업을 하면 학력은 끝이라고 생각하는 경우가 대부분이지만, 나는 제대로 된 학위는 회사에서 모두 얻은 셈이다.

둘째, 전문자격증에 대한 욕구가 있었다.

대표적인 것은 박사학위였다. 퇴직 예정자를 대상으로 사내 교육을 할 때 했던 강사의 말이 항상 뇌리에 남아 있었다. 부산의 컨설팅사 대표인 그는 퇴직 후 꼭 필요한 스펙은 박사학위, 강의 실적, 책쓰기라고 하였다. 이것을 갖추면 연봉 1억은 보장해준다고 했다. 퇴직하면 사장, 임원 직급, 해당 업무 경력이 30년… 이런 것들보다 더 필요한 게 바로 앞에서 말한 '박사학위' '강의 실적' '책쓰기' 스펙이라는 것이다. 그 말에 나는 박사학위를 취득했고, 책쓰기를 통해 강의 계획을 세우고 있다.

셋째, 퇴직 후를 대비한 스펙이 필요했다.

무엇보다 나는 사회적기업을 만들어 평생 운영해보고 싶었다. 재난안전보건과 다문화사회 부문을 대상으로 생각하고 있었다. 그래서 재난안전보건 스펙을 위해 원자력안전을 박사학위 논문 테마로 설정했다. 학위를 취득한 후에는 안전부문으로 복직하여 2년 반을 일했다. 그리고 다문화사회에 대한 스펙을 위해 세종사이버대학교 한국어학과를 졸업하며 한국어교사 2급과 다문화사회전문가 2급 자격을 취득했다. 다문화는 결혼이민으로 귀화한 전화일본어 일본인

다문화사회전문가 자격증, 한국어교원 자격증 등
퇴직 후 준비를 위한 과정들

선생님을 통해 처음 접하게 되었는데, 다문화사회에 대한 관심과 도움의 손길이 필요하다고 말씀해 주셨다. 마지막으로 어학, IT, 업무 개선 등의 스펙도 쌓았다. 요즘엔 입사 전에 보통 쌓고 들어가는 스펙들을 나는 직장에서 모두 얻었고, 무엇보다 이렇게 쌓은 스펙들을 회사 내에서도 충분히 활용할 수 있다는 것이 무척 좋았다.

정말 필요한 스펙은 따로 있다

스펙은 '내가 이만큼 열심히 살았다' '많은 걸 할 수 있는 능력이 있다'는 것을 내보이기 위해 필요하기도 하지만, 나는 무엇보다 그것이 '효용성'이 있어야 한다고 생각한다. 그러기 위해 내가 쌓으려는 스펙과 관련해 이런 네 가지 질문을 던져볼 수 있을 것이다.

첫째, 업무와 관련 있는 스펙인가?

전문자격증, 어학, IT, AI, 업무개선 툴 등은 업무에 유용하기 때문에 회사에서도 권장하고 보상이 따르기도 한다. 포스코에서는 전문자격증을 취득하면 금전적인 보상이 따른다. 이처럼 내가 지금 하고 있는 일과 관련해 유리하게 적용할 수 있고, 차별성을 가질 수 있는 스펙을 쌓는 건 회사에도 도움이 되고 나 자신도 돋보일 수 있는 좋은 전략이라 할 수 있다.

둘째, 자기만족을 위한 스펙인가?

인간은 누구나 학력에 대한 욕구가 있다. 누구나 마음만 먹으면 직장생활을 하면서도 충분히 학교에 다닐 수 있다. 요즘에는 비대면대학이나 대면대학에서도 야간, 주말에 학습할 수 있는 환경이 잘 갖춰져 있다. 스펙을 쌓을 때는 그것을 통해 어딘가에 기여할 수 있는 것도 중요하지만 나 자신을 위해 필요하며 자아욕구를 만족시켜 줄 수 있는가를 따져보는 것도 중요하다. 결국 모든 과정은 내 삶을 통해 이루어지므로, 내 선택에는 스스로 책임을 져야 한다.

셋째, 퇴직 후를 대비한 스펙인가?

누구나 미래에 대한 불안감이 있다. 그래서 무엇 하나를 하더라도 그것이 '미래'에 도움이 되는지 안 되는지 여부를 반드시 점검해야 한다. 스펙은 지금 당장 눈앞의 과제를 해결하거나 지금 당면한 상황에 맞춰 갖추려는 경향이 많지만, 반드시 미래를 염두에 두자. 특히 퇴직 후 재취업이나 봉사활동을 위한 준비에 필요한 스펙들은 나중에 많은 도움이 된다. 노인요양, 다문화사회 지원, 숲 해설사와 같은 다양한 분야의 전문자격증이 이에 해당한다. 사이버대학에서나 전문기관에서 시간과 돈을 투자하면 누구나 쉽게 자격을 취득할 수 있다.

넷째, 과정을 즐길 수 있는 스펙인가?

나는 때때로 스펙을 쌓는 과정이 일상에 다른 활력을 줄 수 있다고 생각한다. 어떤 것은 취미생활처럼 여겨지기도 한다. 드론기사, 보트기사, 잠수사, 골프코치 등도 무척 특별한 스펙이면서 동시에 취미생활로도 이어질 수 있다. 능숙해지면 타인을 코칭해줄 수도 있는 좋은 스펙이 된다.

지금까지 직장에서 쌓을 수 있는 스펙에 대해서 이야기해보았다. 당신은 어떤 스펙을 가지고 있으며 어떤 스펙을 준비하고 있는가? 스펙은 입사를 위한 카드가 아니다. 잘 선택한다면 내 삶에 효용성을 가지며, 미래를 대비하고, 자아욕구를 실현할 도구가 된다. 무엇보다 직장에서 그 스펙을 얻을 수 있다면 금상첨화이지 않을까.

Chapter 06

퇴직 후에도 쓸모있는
직장인 전문가가 되자

———

직장인들은 50대가 넘어가면 회사를 떠날 날이 머지않았음을 느낀다. 그럴 때 자신의 역량이라고 생각했던 것들이 밖에서는 아무 힘이 없다는 것을 깨닫는다. 왜 그럴까? 전문성이 없기 때문이다. 직급이 올라갈수록 업무는 관리하는 쪽에 집중되기 때문에 어떤 일에 대한 전문성을 갖기가 힘들다. 하지만 회사 내에 주요 보직을 보면 재미있는 사실 하나를 발견할 수 있다. 회사 내에는 반드시 자타가 인정하는 전문가 집단이 있다는 것이다. 이 집단의 구성원으로서 전문가는 되기는 쉽지 않지만, 한번 되기만 하면 대우를 받는다. 구성원으로서 스스로 자부심을 느끼는 것은 물론, 정리해고 대상에서도 제외된다. 회사에서는 한 분야에서 전문가로서 회사에 기여하는 이들 집단에 대해 특별히 관심을 갖고 있다. 경영환경이 급변하는 시대에 이들이야말로 회사를 안정적으로 유지하는 버팀목이 되기 때문이다.

나의 경우, 회사에서 승진을 하는 것도 중요하지만 회사에 있는 동안 전문성을 키우는 데 더 집중했다. 그것이 회사의 핵심 인재가 되는 길이기도 하지만 무엇보다 퇴직 후 전문성을 갖고 나의 일을 펼쳐나가는 데 더 도움이 된다고 생각했기 때문이다. 그러나 이렇게 하려면 회사에 다니는 동안 특별한 마인드를 갖추는 게 필요하다.

이재형 저자가 쓴 《발가벗은 힘》이라는 책에 보면 직장인을 세 부류로 나눈다. 별생각 없이 회사만 다니는 사람, 제2의 인생을 준비해야 한다고 인지하지만 걱정만 하는 사람, 제2의 인생을 고민하고 적극적으로 준비하는 사람. 저자는 회사에서 벽에 부딪힐 때마다 자기 자신에게 끊임없이 질문을 던지면서 스스로 동기 부여를 해나갔다고 한다. 어려움 속에서도 해외 MBA를 다녀오고 미국에서는 코칭 자격증을 획득하기도 했다. 하지만 그는 자기계발만 열심히 한 것은 아니다. 회사 일도 정말 열심히 해서 40대 초반에 팀장이 되고, 계속 커리어를 쌓으면서 퇴사 직전에는 계열사의 CFO, 임원까지 지냈다. 그리고 주말에는 틈틈이 책을 썼는데, 이게 베스트셀러가 되고, 강의 요청도 많이 받는 상황에서 퇴사했다고 한다.

무엇보다 중요한 것은 '전문성'은 회사에 다니고 있는 동안 갖추어야 한다는 것이다. 퇴직 후에 무언가를 시작하면 성공할 확률이 현저히 떨어진다. 여기서 전문가란 한 분야에 오래시간 근무하며 업무적으로 정통한 사람, 그리고 업무에 정통하면서도 전문자격증을 갖추고 일하는 사람을 의미한다.

현재 하는 일과 미래 전문성을 연결하라

얼마 전까지 함께 근무한 윤 선배가 있다. 그는 공업고등학교를 졸업하고 회사에 41년 차 재직 중이다. 제철소 내 여러 부서에서 근무했는데, 20여 년 전부터 안전부문에 와서 21년째 근무를 하고 있다. 곧 정년퇴직을 앞둔 그는, 안전부문에서는 자타가 인정하는 전문가다. 지금은 그룹사인 인재창조원에 파견을 나가 안전에 대한 강의를 하고 있다. 정년퇴직 후에도 계속해서 그곳에서 관련 강의를 하게 될 것이다. 그는 2년간 강의를 한 후 컨설팅 회사를 만들어 중소규모 회사의 안전관리를 할 생각이라고 한다. 회사 내에서는 안전에 관해 박사라고 불릴 정도로 그동안 이 분야에 대해 깊고 다양한 노하우를 쌓아왔다. 2년 전에는 회사가 시행하고 있는 '명장'(한 분야의 업무에 정통하고 다른 사람들에게 모범이 되며 인성을 갖춘 사람)에 도전하기도 했다. 스탭 부서라는 이유로 선정되지는 못했지만, 전문성은 확실하게 인정받고 있다. 그는 회사 근무를 하며 대학교를 졸업하였고 3년 전에는 회사 지원으로 안전공학 석사학위를 취득했다. 안전 분야에 있어서는 누구보다 전문가가 된 것이다.

나의 경우, 철강제품 해외영업 전문가로서 커리어를 쌓기 위해 노력해왔다. 직장생활의 3분의 2를 마케팅 본부에서 해외영업을 했다. 2000년 초부터 10여 년간 주로 원거리 지역향(일본, 중국, 동남아

이외 지역)으로 수출업무를 담당했다. 처음 계약업무를 맡을 때만 해도 헤매기 바빴다. 선박을 잡는 것, 운임을 절감하는 것, 납기를 맞추는 것 등 모든 게 생소하고 어려웠다. 이런 문제를 해결하기 위해 업무개선 아이디어를 무척 많이 냈다. 이를 위해 1년간 Off-Job 근무로 6시그마(업무개선 프로그램) 활동을 하기도 했다. 어떻게 하면 문제점을 개선할 수 있을까 많이 생각하고 열심히 활동했다. 그 당시 활동 성과로 1천만 원의 보상금을 받기도 했다.

개선활동 이후 영업을 다시 시작했다. 담당하고 있던 지역인 중남미지역 출장이 많아 매년 3~4차례 다녀왔는데, 거리가 멀어서 힘들기도 했지만 짬짬이 현지를 여행한 일들은 무척 기억에 남는다. 출장 중에는 현지 고객사 사장들과 친하게 지내며 비즈니스에 대한 상세한 정보를 접할 수 있었다. 그러는 동안 나도 철강 에이전트나 상사를 해보면 어떨까 하는 생각을 해보기도 했다. 이런 생각을 하게 된 계기는 그 당시 함께 출장을 많이 다닌 철강상사의 여직원 때문이었다. 그녀는 정말 프로였다. 고객사와 메이커인 나를 모두 만족시켜주며 거래를 성사시키는 능력을 가진, 정말이지 기가 막히는 재주가 있었다. 그녀의 상술을 보며 많은 것을 배웠다. 그 이후 계약 시, 특히 불황이 닥쳐왔을 때 그때 배운 영업능력을 발휘할 수 있었다. 이런 나를 보고 동료 직원들과 종합상사 직원들은 '수달(수출의 달인)'이라로 불렀다.

나는 2008년 12월 일본 주재원으로 나가게 되었다. 당시 리먼사

태로 갑작스럽게 불황이 닥쳐와 일본 주재원 부임 일자를 3개월 늦추고 본사 판매를 지원한 일이 있다. 실장님은 "너밖에 없다." 하시며 이번 위기를 막아주고 일본에 나가 달라고 하였다. 그러면서 인사팀에 특별히 부탁하여 나의 부임을 3개월 늦추게 했다. 나는 조금이라도 빨리 나가고 싶었지만 남아서 3개월간 전 세계 어디든 가능성이 있는 곳이면 밤낮없이 제품을 팔아댔다. 공장이 멈추지 않게 하는 게 당시 나의 사명이었다.

3개월쯤 지나고 나서 리먼 사태도 처음 충격에서 조금씩 벗어났고, 나는 일본 오사카로 부임하게 되었다. 일본에서도 본사에서 갈고 닦은 영업스킬로 물류, 가공 관련 업무개선을 통한 판매능력을 충분히 발휘했다. 일본에서 4년을 근무한 후 서울 본사로 복귀하여 해외마케팅실에서 근무하다가 2년간 휴직을 하고 유학을 떠났다. 나는 이러한 일련의 과정을 거치며 철강 해외 영업 전문가가 될 수 있었다.

마지막에 근무한 '재난안전' 분야에 있어서도 전문가가 되기 위해 노력했다. 학교 공부와 실무를 경험한 후 사회 활동과 벤처를 설립해서 나의 계획을 완성할 구상이었다. 이를 위한 첫 번째 목표가 박사학위 취득이었고, 가장 위험하다는 원자력 부문에서 안전을 주제로 논문을 썼다. 한국과 일본의 원자력 안전정책을 비교연구했는데, 이를 위해 틈날 때마다 도쿄나 후쿠시마에서 개최되는 세미나, 심포지엄에 찾아가서 전문가들의 의견을 들으며 공부했다. 이렇게 4년을 준비한 끝에 박사학위를 취득했다.

학위를 받은 후에는 실무 경험을 쌓았다. 대학원 학위수여 졸업을 2개월 앞두고 서둘러 직장인 포스코로 복직을 했다. 원소속인 마케팅으로 돌아갈 것인지, 그렇지 않으면 나의 계획대로 안전부문으로 보직 변경을 할지 고심이 되었다. 결국 경험을 쌓기 위해 안전부문으로 복직했다. 사람도 업무도 처음 접하는 것들이라 많이 힘들었지만 학위 논문을 통해 익힌 안전문화를 포스코에 접목할 수 있는 실무 경험을 쌓게 되었다. 생산본부 전 직원을 대상으로 매주 안전 의식 동영상을 만들어 배포하고, 매년 안전신뢰 수준을 측정하여 안전정책 수립에 기여했다. 이 모든 것이 학위가 있어서 가능한 일이었다. 안전업무 경험과 학교에서 배운 이론을 적용해볼 수 있는 좋은 기회가 된 셈이다.

그리고 회사 밖 사회에서도 활동을 시작했다. 회사 내 업무가 조금 익숙해질 무렵, 회사 밖 재난안전 경험을 하고 싶었다. 마침 포항시문화재단에서 문화재생활동가를 공모하고 있었고, 여기에 선발되어 2021년 9월부터 활동에 들어갔다. 2017년에 발생한 포항 지진으로 재난 연구, 문화 재생을 위한 문화기획을 하는 역할이었다. 한 기수에 6명을 뽑아 재정적인 지원을 해주는 프로그램이었다. 현장에서 활약하는 많은 전문가들을 만날 수 있었다.

마지막 단계로 재난안전 벤처회사 창업을 준비했다. 포스코에서 안전업무 경험과 회사 밖 포항문화재생활동을 하며 배운 콘텐츠로 사업화 준비를 했다. 또한 일본에서 방문한 적이 있는 사회적기업 사례를 통해 재난안전에 아트를 접목해서 재미있는 프로그램을 만들어 보고자 했다. 나는 박사학위로 전문자격증을 취득한 후, 직장에서 경험한 업무와 사회에서 활동한 체험을 통해 역량을 강화했다. 이러한 활동이 바탕이 되어 퇴사 후 벤처 창업을 준비하게 되었다.

성인이 된 후 삶의 절반 이상을 직장에서 보내는 우리는 회사에 다니는 동안 '퇴직 후에도 쓸모 있는 전문가'가 되기 위한 준비가 필요하다. 그러기 위해 질문해야 한다. '지금 내가 하는 일에 나는 전문성을 갖추고 있는가?' 그 대답이 '예스'가 아니라면 내 전문성을 찾아서 퇴직 후에도 그것이 내 삶을 이어나갈 수 있도록(혹은 새로운 삶을 열어줄 수 있도록) 준비해야 한다. 전문자격증 취득도 물론 필요하다. 즉 '전문가'에게 필요한 '전문성'은 회사 내에서 충분한 시간을 갖고 준비하길 바란다. 나에게 어떤 분야가 잘 맞는지, 회사를 나가서도 써먹을 수 있는 제대로 된 역량과 노하우를 갖추려면 어떤 노력을 해야 하는지 회사에 재직하는 동안에 충분히 고민해야 한다. 전문자격증이나 학위를 따는 모든 과정은 퇴직 후에는 거의 불가능하다고 봐야 한다. 따라서 본연의 업무에 집중하면서도 회사에 다니는 동안 자기계발과 고유의 전문성을 키우기 위한 시간을 갖는다면 인생 2막을 시작하는 단계에서 더욱 당당하게 다음 스텝을 밟을 수 있을 것이다.

필요한 스펙은 직장에서 쌓아라

대학졸업장 말고는 아무런 스펙이 없는 셈이다.
그러던 중 우연한 기회에 학교에서 공부를 더 하고 싶어졌고,
그제야 직장에서 나의 스펙 쌓기가 시작되었다.
요즘엔 입사 전에 보통 쌓고 들어가는 스펙들을
나는 직장에서 모두 얻었고, 무엇보다 이렇게 쌓은 스펙들을
회사 내에서도 충분히 활용할 수 있다는 것이 무척 좋았다.

Part **3**

자신의 **열정**을
경영하는
직장인 되기

미친 듯이 일에 몰입해 봐라.
이러한 경험은 직장에서만 가능하다

나는 출근하는 길이 언제나 즐겁다.

항상 새로운 도전과 기회,

배울 것들이 기다리고 있다.

만약 스스로의 일을 이 정도로 즐긴다면,

체력이 소진될 일이 없을 것이다.

_빌 게이츠

직장인에게
일의 의미는 무엇일까

———

나는 요즘 골프연습장에서 개인레슨을 받는다. 연습장에는 2명의 프로가 있다. 나는 이 두 사람으로부터 각각 레슨을 받아보았는데, 두 사람의 레슨 방식에는 묘한 차이가 있다. A프로는 자신의 전문성을 활용해 나의 문제점을 빠르게 캐치하고 수정해주어 도움이 된다. 반면 B프로는 자신의 이력과 많은 회원수를 자랑하면서, "내가 시키는 대로만 하면 무조건 좋아진다."라고 말한다. 이상하게도 B프로로부터 2개월간 레슨을 받았지만 솔직히 별로 진전이 없었는데, A프로로 바꾸고 난 이후부터는 취약하던 부분이 금세 좋아지면서 실력이 쭉쭉 늘었다. 내가 보기에 A프로는 직업의식을 갖고 자신이 가르치는 사람들의 실력이 좋아지는 데 초점을 맞추고 있었고, B프로는 직업의식보다는 자신이 이뤄놓은 것을 과시하는 데 급급해 회원들의 실력을 늘려준다는 일의 본질에 대한 책임감은 결여되어 보였다.

물론, 자신이 이뤄놓은 것을 과시할 수도 있고 취미생활처럼 직업을 즐길 수도 있다. 하지만 중요한 건 '직업의식'이다. 여기서 직업의식이란 자신이 하는 일에 대한 의미를 정확히 알고, 그 의미에 따라 열정적으로 일하는 것을 의미한다. 그러려면 그 일을 사랑할 수밖에 없다. 하기 싫은 일, 적성이 맞지 않는 일은 할수록 지겹고 힘들어지기 때문이다. 따라서 자기가 무슨 일을 해야 하는 사람인지에 대한 정체성이 정확히 세워지지 않으면 B프로처럼 자기 자신은 즐거울 수 있으나 성과는 나지 않는다.

누가 일을 재미로 하나

박세리 선수는 한국을 대표하는 프로 골퍼다. 지금은 선수로 은퇴하고 예능 프로그램에 자주 나온다. IMF 시절, 국민들이 모두 실의에 빠져있을 때 LPGA 골프 대회에서 박세리 선수가 우승하는 장면이 TV를 통해 공개되었고, 많은 국민들이 이를 보며 희망과 용기를 얻던 것이 지금도 생생하게 기억난다. 정말이지, 그 당시 우리 국민들이 얻은 희망을 생각하면 국가에서 100억을 주어도 아깝지 않다고 생각했다. 하지만 어떤 방송 인터뷰에서 그녀가 했던 말이 생각난다.

"나는 어릴 때부터 골프를 시작했습니다. 엄한 아버지 밑에서 스파르타식 훈련을 받으며 큰 경기에서도 절대로 흔들림 없이 경기를 치를 수 있도록 담력을 키웠죠. 어린 시절부터 운동만 하다 보니 친구도 별로 없었어요. 재미, 흥미 그런 것은 생각할 시간이 없었죠. 미국에서도 1년 내내 선수로 경기를 하며 보냈습니다. 그러니 일상에선 무슨 재미가 있었겠어요. 사는 게 즐겁지 않았습니다."

골프는 취미가 아니라 그녀의 직업이 되었고, 우승해야 한다는 강박관념이 늘 마음속에 자리 잡고 있었다고 한다. 하지만 요즘 그녀가 예능 프로그램에 나와 골프를 하는 것을 보면 여유가 있고 즐거워 보인다. 직업으로서가 아니라 그녀가 진심으로 좋아하고 즐기는 운동으로 골프가 자리 잡은 느낌이다. 이렇게 본인이 좋아하는 일이라도 직업으로, 외적인 보상을 기대하는 순간 즐거움이라는 내적 동기를 잃게 되는 경우가 많다.

나 역시 오랜 직장생활을 하다 보니 '일이니까 해야 한다'는 것 외에 다른 의미가 없다는 생각이 들면서 꽤 심각해진 적이 있다. 매일 똑같이 반복되는 일상. 게다가 때때로 교육을 받아야 하고, 일정 기간이 지나면 보직을 바꾸어 새로운 일을 해야 하며, 매년 성과에 대해 인사평가를 받아야 한다. 때가 되면 동기들보다 늦지 않게 승진도 해야 한다. 한마디로 직장생활은 목표지향적이었고, 다른 재미란 없는 지루한 생활이 반복되었다. 나는 어느 날 동료들에게 물었다.

"직장생활 지루하지 않아?"

그러면 대부분 "그렇다."라는 답이 돌아왔다. 나는 또 물었다.

"그러면서 일은 왜 해?"

그러면 십중팔구 "먹고살기 위해서."라는 답변이 돌아왔다. 그 답변의 이면에는 먹고사는 문제만 해결된다면 일을 당장 그만두고 싶다는 속마음이 숨어있었다. 정말 일이란 생계유지 그 이상도 이하도 아닌 것일까? 일을 하면서 자아실현도 하고 의미와 가치를 찾겠다는 건 순진한 생각일까.

자신의 일을 좋아하지 않는 사람들이 생각보다 많다. 단순히 생계만을 위해 일하면서 '좋아하는 일을 하는 사람은 극소수에 불과해.'라고 생각하며 자기 위안을 얻는다. 하지만 자신의 일을 좋아하지 않는 사람들이 좋아하는 일을 직업으로 하는 사람보다 일에 만족도도 훨씬 낮고 성과도 내기 힘들다. 우리는 알고 있지 않은가. 성과를 달성하지 못하고 자신이 오르고자 하는 자리에 도달하지 못하면 일의 의미 또한 찾기 어렵다는 것을. 언제나 목표라는 것은 한없이 높아질 수밖에 없기에 궁극의 만족이란 없다. 이러한 문제로 많은 직장인들이 이직을 고민하지만, 이직이 그 욕망을 채워줄 수는 없다.

자신이 하는 일에 의미 부여하기

나는 2009년 일본에서 주재원 생활을 했다. 그 당시 리먼사태 발생으로 사회 전반적으로 매우 어려운 시기였다. 내가 담당한 철강제품 영업도 최악의 상황을 맞고 있었다. 매일 영업을 위해 일본 간사이 지역을 누비고 다닐 때였다. 고객사 중에 자동차, 산업용 체인을 생산하는 글로벌한 회사가 교토에 있었다. 제품의 요구 품질이 매우 까다로워 자주 방문하여 협의를 했다. 한번은 고객사가 요구하는 열처리 수치를 도저히 못 맞춰서 판매를 못 할 상황에 직면한 적이 있었다. 본사에 요청하여 이런 방법, 저런 방법으로 여러 차례 테스트를 해보았지만 요구하는 수치를 맞춰줄 수 없었다. 도저히 방법을 찾을 수 없는 상황에서 열처리 전문가를 백방으로 수소문하였다. 그러던 중 고객사에 열처리 달인 장인 한 분이 있다는 얘기를 듣게 되었다. 그분을 모셔서 한 차례 설명을 한 후 그 원인이 무엇인지 답변을 들을 수 있었다. 그 사항을 본사에 전달했고, 즉시 제품을 만들어 테스트를 하게 되었다. 그분 말씀대로 했더니 그동안 문제점으로 지적된 열처리 문제가 깔끔이 해결되는 게 아닌가. 우리는 그동안 과학적인 기계 실적치로만 문제를 해결하려고 하였으나 그게 되지 않는 영역이 있다는 사실을 알 수 있었다. 명확하게 설명할 수는 없지만 사람의 직관이 더 유용한 때도 있는 것이다.

문제를 해결해준 그분에게 사례로 식사를 대접해 드렸다. 그리고 그때 많은 얘기를 들을 수 있었다. 자신은 입사하여 40년간 오직 열처리 업무만 했다고 한다. 한 번도 다른 일을 해본 적이 없이 오직 한길만 걸었다고. 그래서 나는 '한 가지 일을 하면 미치지 않느냐'고 물었다. 그랬더니 그분은 본인도 입사 후 10년이 지날 시점에는 매너리즘에 빠진 적도 있었지만 그 이후 한 번도 그렇게 생각하지 않았다고 했다. 자신이 하는 열처리 일이 재미있는 일은 아니었지만 의미 있는 일이라는 것을 알게 되었기 때문이라고 한다. 체인 생산에서 철강제품의 강도가 매우 중요하기 때문에 누군가 그 일을 해야 했고, 그 분야를 자신의 강점으로 만들어야겠다고 마음먹었다고 한다. 그렇게 하여 자신의 일이 회사에 기여하고, 많은 사람이 체인을 안심하고 사용할 수 있게 되는 길이라고 생각했다는 것이다. 학교에서 열처리 공부를 하고 열처리 업무를 하게 된 것이 자신의 숙명이라고 생각했다고 한다. 자신의 일에 대한 의미를 찾은 것이다. 그로부터 40여 년이 흘러 그는 곧 퇴직을 앞두고 있었다.

우리는 좋아하는 일을 하면서 살고 싶어 한다. 자신의 일을 사랑해야 열정적으로 살아갈 수 있고 성공에 이른다고 이야기한다. 스티브 잡스는 스탠퍼드 대학 졸업 연설에서 이런 이야기를 했다. "당신이 사랑하는 것을 찾으십시오. 당신이 연인을 찾을 때도 그렇듯이 당신의 일에서도 이 말은 변하지 않습니다. 당신의 일은 당신 삶의 커다란 부분을 채우게 될 것입니다. 그리고 진정으로 만족할 수 있는 유일한 방법은 당신이 위대하다고 믿는 일을 하는 것입니다. 위대한 일을 하는 유일한 방법은 당신이 하는 일을 사랑하는 것입니다."

어떤 사람들은 이 말이 전혀 현실감이 없으며, 극단적으로 말하면 노동의 가치까지 훼손시키고 있다고 말한다. 이들에게 일이란 단순히 생계를 위해 어쩔 수 없이 하는 것이다. 일을 하면 월급을 받기 때문이고, 월급을 받으면 자기 자신뿐만 아니라 가족들까지 먹여 살릴 수 있다. 물론 이 숭고한 행위를 비난할 생각은 절대 없다. 자신의 일을 사랑하는 사람이 없는 것보다 더 슬픈 사실은, 자신이 좋아하는 일을 해야 행복해진다고 믿으면서도 실제로는 전혀 다른 길로 가는 현실이다.

먹고살기 위해서 하는 일이지만 일을 하면서 가치를 발견하고 보람을 느껴 자신의 존재 이유를 확인하는 것, 그것이 진정한 일의 의미이다. 진정한 의미를 찾아야만 인생 전체의 선순환이 만들어진다. 성공한 사람들은 자신이 사랑하는 일을 했고 그래서 성공했고 행복하다고 한다. 일의 의미를 찾기 어렵다면 자신이 사랑하는 일을 찾지 못했기 때문일 수도 있다. 어쩌면 자신이 하는 일의 본질을 제대로 모르고 있을지도 모른다.

이도, 저도 아닌 사람이
가장 문제다

———

직장인의 가장 큰 고통 중 하나는 자신에게 맞지도 않는 일을 억지로 해야 하는 상황에 처할 때가 있다는 것이다. 물론 원하는 일을 하고 싶다면 회사를 그만두거나 다른 부서로 옮겨가면 된다. 그러나 어디 그게 그리 마음대로 되던가. 원하는 일을 하고 싶거나 자유롭게 부서를 옮기는 일은 성과를 많이 낸 사람이어야 그나마 가능하다.

원치 않는 일을 하며 억지로 버티다 보면 업무성과는 자연스럽게 떨어지고, 조직에서는 부적응자로 전락하게 된다. 이런 상황에 처하면 결과적으로 직장 내에서 '관심사병' 혹은 '문제아'라는 소문이 돌게 되어 머지않아 한직으로 밀려나거나 심한 경우 퇴사하게 되고 만다. 참 안타까운 일이다.

미국 맥킨지의 경우, 이런 상황을 개선하고자 '프로젝트 능력적 합도를 관리하는 전담팀'을 운영한다고 한다. 적합하지 않은 프로젝트에 팀원으로 배정된 사람이 없는지 항상 체크하여 상황이 좋지 않아 보이면 해당 직원을 '구조'해주는 것이다. 그렇게 맞지 않는 프로젝트와 담당 매니저로부터 떨어지게 된 직원은 그 능력에 더 알맞은 곳으로 보내지고, 시간이 흐른 뒤 새로운 조직에서 능력을 발휘하여 훨씬 많은 성과를 낸다는 결과가 나왔다고 한다. 그러나 우리가 살아가고 있는 곳은 한국이다. 미국의 맥킨지와 같은 조치를 기대할 수 없다. 한국의 회사들은 맥킨지와 같은 팀이나 시스템이 없기에 직원들은 조직에 적응해야만 한다는 강박관념을 갖고 있다. 때문에 '무조건 일단 버텨야 해.'라는 생각을 하게 되는 경우가 많은 것이다.

직원이 자신의 역량을 일찍 파악하게 된다면 맞지 않는 일을 억지로 하는 고통의 시간에 처할 일이 없겠지만 회사에서는 직원들의 능력적합도까지 고려할 여유가 없다. 이것이 한국 회사의 현실이다. 그렇기 때문에 역량평가보다는 인사평가를 통한 승진만이 존재하는 것이다. 그러나 승진 역시 임원이 될 정도로 높은 자리에 올라갈 수 있는 사람의 수는 이미 정해져 있다. 즉 아무리 승진을 목표로 삼더라도 모두가 임원이 될 수는 없다는 것이다. 많은 직장인들이 이를 잘 알면서도 승진에 목숨을 건다. 그리고 승진하지 못하면 좌절하고 힘겨워하며, 혹시라도 내가 승진하지는 않을까 하는 운에 자신의 운명을 맡기기도 한다. 마치 회사생활의 목표가 승진이나 좋은 자리로 가는 것이 전부인 것처럼 말이다.

그렇다면 정말 회사생활의 목표는 승진뿐일까? 만년대리나 만년과장으로 퇴직하는 직장인들은 무능한 루저이고 불행한 사람들일까? 나는 아니라고 생각한다. 진짜 루저는 승진을 못 하는 사람이 아니라 자기 삶을 정확하게 선택하지 못하는 사람이기 때문이다.

직장생활은 승진만이 전부가 아니다

나는 오랜 시간 동안 회사생활을 하면서 승진에 목숨을 거는 동료나 선배들을 많이 보았다. 이들은 승진을 못 하면 힘들어하고, 사사건건 불평을 늘어놓으며 조직의 분위기를 흐린다. 무엇보다 이 사람들의 가장 큰 공통점은 전혀 행복해 보이지 않는다는 것이다. 그러나 우리 모두의 삶의 목표는 행복하게 사는 것이다. 그러니 승진에 목숨을 거는 이들은 완전히 정반대의 삶을 추구하며 사는 것은 아닐까.

직장생활은 당연히 늘 즐겁고 행복할 수만은 없다. 그러나 마음먹기에 따라 주도적으로 직장생활을 이끌어가는 것은 가능하다. 이를 위해 필요한 것은 주체적인 생각과 행동이다. 주어지는 일들을 수동적으로, 그것도 마지못해 일하며 하루하루를 보내면서 어떻게 행복해지길 바랄 수 있을까?

대리가 되었을 때, 나는 스스로 능력을 발휘하여 임원으로 승진해 정년까지 갈 수 없을 것임을 예감했다. 그래서 나는 나 자신이 정말 추구하는 삶의 가치가 어디에 있을지 고민하는 시간을 가졌다. 조직인으로 함몰되는 '나'는 싫었다. 주어진 업무에만 몰입하며 승진에 올인하는 삶 역시 즐거울 것 같지 않았다. 상사에게 잘 보이려 노력하고, 인정받기 위해 애쓰고, 그렇게 얻어낸 좋은 평가를 바탕으로 승진하는 삶이란 나와 맞지 않는다고 생각했다. 나는 '주어진 업무는 열심히 하되 가치 있는 목표를 갖자.'라고 마음먹었다. 그래서 대학원 진학하기, 사내벤처 도전, 퇴직 후 인생 2막 준비를 결심하게 된 것이다.

만약 내가 다른 선택을 했다면 지금 어떤 삶을 살고 있을까? 업무에 열심히 임하여 좋은 평가를 받고, 나를 밀어주는 상사를 만났거나 운이 따라주었다면 임원까지도 가능하지 않았을까? 그렇게 되었다면 회사로부터 임원실과 비서, 자동차, 법인카드, 골프회원권, 특별 건강검진권 등 수많은 혜택을 누리며 살고 있었을지도 모른다. 그러나 마냥 좋은 점만 있진 않을 것이다. 1년짜리 임원에서 잘리지 않기 위해 발버둥 쳐야 할 것이며 그나마 얼마 남지 않은 머리털은 다 빠졌을 것이다. 또한 만성두통과 소화기 장애로 약을 밥 먹듯 털어 넣으며 버티는 삶을 살아가고 있을지도 모른다. (물론 안 그런 사람도 있겠지만 내 성격상 분명 그랬을 것이다.) 나는 이러한 삶이 아니라 나만의 삶을 추구하는 길을 선택했고, 그 삶을 통해 당당하게 행복한 삶을 살아가고 있다고 말할 수 있는 사람이 될 수 있었다.

갈 길을 선택하고 나니 당장 업무를 볼 때나 사람들을 대할 때 훨씬 편하고 심리적인 안정을 가질 수 있었다. 게다가 회사는 더 이상 내게 업무만 하는 곳이 아닌 즐거움과 도전의 장소로 바뀌었다. 내 능력을 200% 활용하여 수많은 것들을 시도해볼 수 있는 곳이 된 것이다. 나는 자기계발, 취미활동, 인간관계, 일, 공부 등 회사를 통해서 해볼 수 있는 것들을 다 해보았다. 덕분에 나는 그전까지 회사에 갖고 있던 불만이나 '루저의식', '자괴감' 따위로부터 벗어나 재밌고 즐거운 직장생활을 누릴 수 있었다. 때로는 지쳐 쓰러질 만큼 많은 업무에 힘들 때도 있었지만 이 역시 의미를 부여하니 한결 덜 고통스러웠다. 예를 들자면 퇴직 전에 마지막으로 접한 안전업무가 그러했다. 이 업무는 사고에 대비하는 업무로, 항상 높은 스트레스를 유발했다. 정말 힘든 업무였지만 직원들의 안전을 위한 일이고 스스로 '나의 인생 2막을 위해 필요한 과정'이라 생각하니 한결 임하는 자세와 마음이 달라졌다. 덕분에 나는 회사에서 마지막으로 맡게 된 안전업무를 아주 보람있게 마칠 수 있었다.

내 삶을 즐길지 회사에 올인할지
선택하고, 도전해라

나는 결과적으로 직장생활에는 두 가지 길이 있다고 생각한다. 하나는 일에 몰입하는 것이고 다른 하나는 일을 성실하게 하면서 자신의 삶도 꾸리는 것이다. 우리는 회사에 올인하여 승진을 목표로 할 것인지, 아니면 내 삶을 즐길 것인지 선택해야 한다. 그렇지 못할 때는 '이도 저도 아닌 사람'이 되어버리기 때문이다. 선택하지 못한 사람들이야말로 가장 힘든 사람들이다. 이들은 항상 무언가에 찌들어 있고 불평투성이로, 심하면 직장 분위기까지 흐리는 사람으로 찍히게 된다. 즉 회사를 이용하지도 못하고 자기 삶을 즐기지도 못함으로써 가장 비극적인 삶을 살게 되는 것이다.

우리는 어느 순간이 되면 고민의 시간을 맞는다. 나 자신의 삶을 주체적으로 이끌어가려면 어떻게 해야 할지에 대하여 깊게 고민하여 결정을 내려야 하는 시간을 맞닥뜨리게 되는 것이다. 중요한 것은 '내 삶'이라는 이름의 자동차의 주인, 즉 운전자는 나여야 한다는 것이다. 어느 길로 갈지, 언제 차를 세울지, 또다시 출발할지 결정을 내릴 이는 오직 나뿐이어야 한다. 직장생활 역시 내 삶이라는 자동차를 통해 거쳐 가는 시간의 일부다. 그러니 선택하라. 애매한 지점에 나를 두어서는 안 된다. 이도 저도 아닌 삶을 사는 것은 가장 힘든 길을 택하는 것이다. 앞서 이야기했듯이 그런 사람은 결국 직장에서 '분위기나 흐리는 사람'으로 전락하게 된다.

당신은 어떤 직장생활을 하고 싶은가? 회사에 올인하지 않을 거라면 새로운 목표를 설정해라. 스스로가 좋아하는 것과 꿈꿔온 삶으로 새롭게 인생 목표를 설계하고 실행해나가라. 내 삶은 내 것이다. 그리고 우리는 누구나 행복할 권리가 있다. 이 행복을 위한 길이 승진이 되어야 할 이유는 없다는 것이다. 물론 일을 열심히 하지 말라는 말은 아니다. 직장인으로서의 본분대로 성실하게 일하면서도 회사를 활용하여 나만의 가치 있는 삶에 도전하라는 것이다. 직접 경험해본 사람으로서 말하건대, 이는 충분히 가능할 뿐만 아니라 매우 가치 있고 즐거운 시간이자 삶이었다.

나는 내 삶을 즐길 것인지 회사에 올인할 것인지 선택했고, 그렇게 선택한 길에 도전했다. 그 결과 회사에서는 좋은 인간관계를 만들 수 있었고 여느 직장인들은 꿈도 꾸지 못할 다양한 즐거움과 행복을 누릴 수 있었다. 나는 나의 선택에 전혀 후회가 없다. 정말 말로 다 못할 순간들을 충분히 누렸기 때문이다. 그러니 당신도 이제는 선택하라. 어떤 길을 걸을 것인가? 진짜 내 삶의 운전대는 오직 당신만이 잡을 수 있어야 한다. 그 주도권을 다른 누군가에 뺏기지 말고 주체적인 삶을 선택하여 행복한 인생을 만들어나가길 바란다.

Chapter 03

남들이 꺼리는 부서에서만
배울 수 있는 게 있다

―――――

흔히 사람들은 말한다. 성과를 내려면 '좋아하는 일'을 해야 한다고. 그래야 일의 능률도 오르고 성취감도 더 크다는 이유에서다. 하지만 자신이 좋아하는 분야를 미리 알고 그 일을 선택해 자신의 평생 직업으로 삼는 사람이 과연 몇이나 될까? 설령 희망하던 회사에 들어간다고 해도 회사 내에서 자신이 원하는 부서에 배치되어 원하는 업무를 맡는 사람은 생각보다 많지 않다. 그렇다면 자신에게 맞지 않는 부서에서 좋아하지도 않는 일을 하면 일의 능률이 떨어진다고 봐야 할까? 그렇지 않다. 오히려 자신이 좋아하지 않는 일로 출발해서도 크게 성공하는 사람이 많다.

물론 하고 싶은 일을 하며 열정을 쏟는 게 쉽고, 좋은 환경에서 무언가를 해낸다는 게 훨씬 편하다. 내가 하고 싶은 걸 한다면 그만큼 저항이 될 만한 요소도 줄어든다. 하지만 분명 남들이 꺼리는 일, 좋아하지 않는 일이 인간에게 주는 것이 있다.

인간은 언제 제일 많이 성장할까. 언제 가장 많은 것을 깨닫고 배울 수 있을까. 바로 남들이 꺼리는 일, 좋아하지 않는 일을 할 때, 뜻하지 않는 극단적인 위기 상황에 처했을 때다. 인간은 어려운 상황이나 위기에 처하면 목표치가 달라진다. 좋은 환경에서 좋아하는 일을 하는 사람들은 더 잘하고 싶은 것으로 만족하지만, 어려운 환경에서 좋아하지 않는 일을 하는 사람들은 그 일을 달성해야만 생존한다는 어려운 목표가 설정된다. 이것을 달성하기 위해 남들보다 2~3배, 심지어 10배가 넘는 에너지를 써야만 한다. 어떻게든 그 상황을 극복하기 위한 노력은 인간을 성장하게 해준다. 그러면 그 일에 더 정통하게 되고 그 일을 마주하는 것만으로도 전에는 보지 못한 무궁무진한 가능성을 찾게 된다.

남들이 싫어하는 일을 한다는 것은 어떤 의미일까

나는 직장생활에서 바라던 부서, 내가 좋아하는 일을 한 때가 있었다. 그때는 회사에 출근하는 것이 기다려지고 하루하루가 행복했다. 아침에 동료들과 커피 한잔하며 어제 저녁에는 무엇을 했는지, 주말에는 무엇을 할 건지 얘기하는 시간은 정말 즐거웠다. 하루가 왜 그리 빨리 지나가는지 모를 지경이었다. 하지만 남들이 꺼리는 부서에서 좋아하지 않는 일을 할 때도 있었다. 그때는 회사에 가고 싶지 않고 회사에 가서도 일이 손에 잡히지 않아 시간을 때우느라 애를 먹었다. 그럴 때는 시간도 무척 느리게 흘러간다. 어느 직장, 어느 부서에서도 일의 선택은 내 마음대로 되는 것이 아니다(어디 일뿐이겠는가. 인생사의 모든 것이 내 뜻대로 잘되지 않는다). 나 역시도 그러했다. 세상에서 한 번도 경험해본 적 없고 잘 모르는 일을 맡고 싶은 사람은 한 명도 없을 것이다. 내가 별로 좋아하지 않는 일이라면 더욱 그렇다. 그러나 살다 보면 때로는 하기 싫은 일도 해야 하고 어려운 상황 속에 놓여서도 반드시 해내야 하는 일이 생긴다.

포스코에는 직원들이 근무하길 꺼리는 부서가 있다. 주로 '을'의 입장에서 일하거나 돌발상황이 자주 발생하여 비상근무가 많은 부서를 말한다. 나는 남들이 가길 꺼리는 부서에서 두 번 일한 적이 있다. 한 번은 신입사원으로 처음 배치받아 근무한 통관부서였다. 주로 '을'의 입장에서 대관청을 상대로 하는 업무를 담당했다. 사람들이 모두 이 부서에 가기 싫어하는 이유는 '공무원'을 상대하는 게 힘들어서다. 사실 나도 처음엔 그랬다. 포스코의 대부분의 일은 우리가 '갑'이 되어 진행하지만, 이 부서 일은 우리가 '을'이 되어 일해야 했다. 그래서 어떤 일을 하든 사사건건 신경이 쓰였다. 또 긴급상황은 어찌나 많이 발생하는지, 그때마다 공무원들에게 협조를 요청해야 했기에 여간 까다로운 게 아니었다. 그러니 누가 그 부서에서 일하고 싶겠는가.

어쩔 수 없이 그 부서에 배정되긴 했지만 나도 그 일이 처음부터 좋았던 건 아니다. 하지만 지나고 보니 실보다는 득이 많았다. 그때까지만 해도 나는 '공무원들은 '갑'의 입장으로 딱딱하고 권위적으로 일하는 사람들'이라고 생각했다. 그렇지만 내가 접한 공무원은 그렇지 않았다. 회사가 하는 일을 이해해주고 규정 내에서는 최대한 도와주기 위해 애썼다. 긴급할 때는 부품을 사용할 수 있도록 주말에도 출근하여 통관 업무를 해주었다. 그들에게 '갑' 의식은 없었다. 성실하게 대하고 진심으로 요청하면 다 도와주었다. 어떤 조직, 어떤 사람들보다도 더 적극적으로 도움을 주었다. 우리 부서 사람들은 공무원들과 인간적으로도 친하게 지냈다. 체력단련의 날을 정해 매월 한 번씩 친목을 다지며 재미있는 시간을 보내기도 했다. 서로의 어려움을 많이 이해할 수 있는 시간이었다.

다른 한 번은 직장생활에서 마지막으로 근무한 안전부서였다. 수시로 돌발상황이 발생하여 언제 비상이 걸릴지 모르는 업무였다. 내가 맡은 업무는 직원들에게 안전문화 의식을 갖게 해주는 일이었다. 안전보건 동영상을 만들어 배포하고, 전사 안전신뢰수준을 측정하여 정책이나 제도를 만들 때 사용하게 하는 것이었다. 전공을 살려서 한 일이었지만 녹록지 않았다. 직급이나 나이와 상관없이 엄청난 보고서를 써야 하고, 치러야 할 행사와 이벤트도 엄청났다. 한마디로 실무량이 많은 부서여서 누구도 쉽게 가려고 하지 않았다. 특히 나처럼 퇴직에 가까워서는 군이 이 일을 도맡을 이유가 없었다.

그러나 나는 자발적으로 이 부서에 들어갔다. '하기 어려운 일' '까다로운 일'이 나를 얼마나 성장시켜주는지 이미 알고 있기 때문이었다. 물론 회사생활 막바지를 편하게 보낼 수 있음에도 불구하고 이런 일을 자청한다는 건 쉬운 결정은 아니었다. 하지만 2년 6개월 동안 매주 1회씩 120편의 동영상을 제작해 전사 블로그에 게시하고 임직원들에게 메일로 보내는 일. 연간 1회 안전보건공단과 함께 전사 '안전신뢰수준 조사'를 실시하는 일을 통해 나는 이 분야에 대한 확실한 커리어를 쌓았다. 동영상을 제작하는 건 비교적 쉬운 일이지만 그것을 2년 6개월 동안 지속적으로 제작, 배포하는 일은 어렵다. 또 1년에 한 번이지만 4~5천 명을 대상으로 안전신뢰수준 조사를 실시해 이것을 전문적으로 분석하고 객관성을 확보하는 과정은 결코 녹록지 않았다. 그러나 동영상을 통해 직원들은 안전을 생활의 일부로 쉽게 인식할 수 있어서 도움이 되었고, 훨씬 객관적이고 믿을 수 있는 안전신뢰수준 조사를 통해 매우 효용적인 데이터를 확보할 수 있었다. 개인적으로는 학위에 대한 전공을 살릴 수 있어 좋았고, 힘든 만큼 어려운 일을 해냈다는 성취감도 컸다.

힘든 일을 한다는 것은
인간에게 남다른 성장을 안겨준다

나는 이들 부서에서 근무하며 직장생활의 지혜를 터득할 수 있었다. 남들이 꺼리는 일을 한다는 것은 그만큼 내공이 깊어지는 것이다. 힘든 부서, 절대 호락호락하지 않은 부서, 그런 곳에서 일해본 사람들은 다른 회사나 다른 부서에 가면 어려운 일도 훨씬 쉽게 잘 해낸다. 내가 원하지 않은 상황에 놓이게 되면 "아이, 짜증 나! 더 이상 못해 먹겠다. 내가 꼭 이 일을 해야 해?"가 아니라 내가 완전히 성장할 기회로 받아들여 보는 건 어떨까. 남들이 꺼리고 하기 싫은 일을 한다는 것은 남들보다 에너지를 훨씬 많이 써야 한다는 뜻이다. 그렇기 때문에 진짜 하기 싫은 일을 할 때가 비로소 진짜 내공을 쌓을 수 있는 기회다. 우리는 어려운 일을 할 때 머리를 굴리고 그것을 해내기 위한 에너지를 발동시킨다. 이것은 지옥으로 가는 게 아니라 어찌 보면 나를 더 좋은 단계로 데려가는 버스를 타는 것과 같다.

좋아하지 않는 일은 낯설고 어렵기 마련이다. 일하는 것이 너무나 힘들고 지긋지긋하다. 사소한 일을 해도 불만만 앞서고, 한순간이라도 빨리 그 일에서 손을 떼고 싶고, 다른 부서나 다른 회사로 옮겨가고 싶다. 하지만 어디를 가도 당신이 '좋아하는 일'은 기다리고 있지 않다. 우선 주어진 일에 좋아하는 마음을 갖는 편이 현명하다. 그 일을 좋아하게 되면 무궁무진한 가능성을 찾아낼 수 있다. 주어진 일이 자신의 성장을 위한 발판이라 생각하고 즐겁게 일해볼 수 있다. 어쩔 수 없이 일하고 있다는 생각으로는 일하는 고통에서 벗어날 수 없다. 자신이 좋아하는 일을 찾는 것은 손에 잡히지 않는 무지개를 좇는 것과 같다. 눈앞에 놓인 일부터 좋아하려는 자세가 중요하다. 일단 일을 좋아하기 시작하면 어떤 고생도 마다하지 않게 되고, 일에 온전히 집중할 수 있게 된다. 일에 완전히 몰입하면 추진력도 생기고 성과도 좋아진다. 주변 사람들로부터 좋은 평가도 받게된다. 그러면 내가 하는 일이 더 좋아지고 그 일에 더 집중하게 된다. 선순환 효과를 가져온다. 그러니 지금 하고 있는 일이 좋아지도록 노력해야 한다. 다른 방법은 없다.

직장에서는 아무리 어려운 일도 어떻게든 모두 해결된다. 혼자가 아니다. 든든한 상사와 동료들이 있고 조직이 지켜보고 있다. 피 터지게 싸우다가 쓰러질 지경이 되면 누군가 지켜주고 도와준다. 그러니 직장에서 편안한 일을 좇기보다 차라리 어려운 상황에 놓여보는 것도 의미있는 일이다. 힘든 일에 부딪혀 보며 열정적으로 싸우다가 쓰러져 보는 것도 좋다. 한번 쓰러져 본 사람은 다시 쓰러지는 것을 겁내지 않기 때문이다. 인생에서 누구나 몇 번쯤은 어쩔 수 없이 어려운 상황에 놓이게 된다.

그래서 내 후배나 나의 자식들도 남들이 꺼리는, 하고 싶지 않은 일을 인생에서 몇 번쯤은 경험해보라고 말해주고 싶다. 어쩔 수 없이 그런 상황에 놓이더라도 낙담하지 말고 담담하게 받아들이라고 말해주고 싶다. 좋은 환경에서는 얻지 못하는 특별한 경험을 할 수 있을 테니까. 그게 결국 자신에게 남다른 내공을 만들어주고 큰 성장을 안겨줄 것이다.

Chapter 04

당신은 지금 하고 있는 일에 얼마나 열정적인가

우리가 일을 할 수 있는 나이는 과연 몇 살까지일까? 어딘가에 정규직으로 입사를 하게 되어 평균적으로 정년까지 일을 하게 된다면 30년~40년 정도 일을 하게 될 것이다. 그러나 중간에 자발적인 또는 비자발적으로 퇴사를 하게 된다면 그보다 더 줄어들 수도 있다.

사람은 자신이 하는 일이 세상에서 가장 중요하다는 믿음이 있어야 자신을 송두리째 던져서 그 일에 몰입하게 된다. 그런 믿음이 없으면 어떤 일을 하건 엉덩이는 뒤로 뺀 채 고개만 내밀고 적당히 하는 시늉만 하게 된다. 이런 경우는 자기 능력의 극히 일부만 사용하고 일에서 재미를 느끼기도 어렵다. 한국 바둑의 전설 이창호 국수는 바둑이 세상에서 가장 중요한 일이라고 생각하여 바둑에 자신을 던진 사람이며, 타이거 우즈는 골프가 세상에서 제일 중요하다고 생각하여 골프에 자신의 인생을 던진 사람이다. 물론, 자신이 하는 일이 세상에서 제일 중요하다는 믿음은 지극히 주관적인 것이지만, 자신의 능력을 최대로 발휘하기 위해서는 지금 하는 일이 자신에게 가장 '중요한 일'이라는 믿음이 없이 어떻게 열정을 쏟고 몰입할 수 있을까. 그 일이 나에게 중요해야지만 재미있고 그 일에 대한 경쟁력도 갖추게 된다. 즉, 자신의 일이 의미가 있고 중요하다는 믿음은 몰입하여 성과를 낼 수 있게 하고 일을 더 재미있게 만들어준다.

나에게는 직장생활을 하며 가장 열정적이었다고 말할 수 있는 순간이 두세 번 정도 있다. 수출 영업을 했을 때, 사내벤처를 준비했을 때, 그리고 주재원 생활을 했을 때다. 주재원으로 나가는 건 '선택받은 사람'이라고 말할 정도로 기다리는 경우가 많다. 특히 선진국으로 나가면 정말로 혜택을 많이 받는다. 와이프와 자녀들은 고급 문화생활을 즐길 수 있다. 와이프는 한국의 시댁과 멀리 떨어져 경조사를 챙기지 않아도 되기 때문에 훨씬 생활이 편안해진다. 자녀들은 회사에서 보조해주는 학비로 국제학교를 다니며 영어 공부도 공짜로 할 수 있다. 고교 1학년을 보낸 후 귀국하면 대학을 특례로 입학할 수 있는 혜택도 있다. 경제적으로도 주택임차비 지원과 현지근무 수당을 받아 귀국 시에는 목돈을 마련해올 수도 있다. 이러한 이유들로 주재 기간이 끝나고서 한국으로 귀국을 원치 않는 사람도 있다. 특히 미국 주재원으로 나가는 직원들은 귀국하라고 하면 퇴직하는 경우가 많다. 와이프와 애들이 한국으로 돌아가고 싶어 하지 않기 때문이다.

그러나 주재원들은 고달플 때가 많다. 언어가 서투른 경우 선임 직원은 물론 고객사들에게도 무시당하는 경우가 있다. 외국 생활은 신선하기도 하지만 아무래도 한국과 다른 생활 습관과 문화를 가졌기에 거기에 적응하기까지는 힘이 많이 든다. 일본에서는 이사 후 인터넷 연결을 신청하면 통신회사에서는 28일이 소요된다고 통보해준다. 급하다고 사정해도 겨우 4일 정도 줄여 결국 24일은 걸린다. 신청 당일 연결이 가능한 한국의 서비스 문화와는 사뭇 다르다. 자동차 구입은 주차공간이 있다는 확인증을 경찰서나 관리회사에서 발급받아야 가능하다. 발급 비용은 3만 엔(30만 원) 정도로 너무 비싸다. 납득이 되질 않았다. 우리 집에 있는 주차장을 사용하는데, 왜 돈을 주며 증명서 발급을 받아야 하는지. 로마에 가면 로마법을 따라야 하니 어쩌겠는가. 이렇듯 상관습과 생활 습관은 우리와 많은 차이가 있다. 해외에 나가서 산다는 건 좋은 점도 많겠지만 모두가 꿈꾸는 것만큼 그렇게 쉽고 재미있는 것만은 아니다.

열정적으로 넘은 세 번의 큰 산

나의 주재원 생활도 남들과 그렇게 다르지 않았다. 해외로 나간다는 생각에 잔뜩 들떠 있었지만 막상 나가보니 시작부터 험난한 업무가 기다리고 있었다. 나는 리먼사태가 발생한 2009년 초부터 일본

주재원 생활을 시작했다. 리먼사태 직전에는 모든 물가가 폭등하고 세상이 미친 듯이 돌아가던 시절이었다. 모든 회사들은 생산을 위한 재료 확보에 혈안이 되어 구매에 사활을 걸고 달려들었다. 어렵게 확보한 물건은 창고에 가득 쌓아놓아 더 이상 공간 확보가 어려운 지경이 이르렀다. 하지만 리먼사태가 터지자 세상은 원자폭탄을 맞은 듯 모든 것이 멈춘 듯했다. 금융 거래가 중단되고 모든 상거래가 정지되었다. 하필 이런 때 내가 주재원 생활을 하다니. 참 운도 따라주지 않았다.

리먼사태 이전 주재원들은 슈퍼 갑으로 지냈다고 한다. 판매할 물량이 없었기 때문에 고객사에는 큰소리치며 접대받고 배급 주듯 조금씩 나눠주는 게 일상이었다고 한다. 내가 부임한 이후 상황은 180도 바뀌었다. 매일 하는 일이 고객사에게 애원하며 우리 제품을 구매해 달라고 부탁하는 것이었다. 그러면 고객사는 제품으로 가득 찬 창고를 보여주며 더 이상 구매를 하려 하지 않았다. 하지만 나는 영업사원으로 포스코 제품을 팔아야만 하는 처지였다. 내가 팔지 못하면 포스코의 공장은 가동을 멈춰야 한다고 생각했다. 일종의 사명감이랄까 그런 게 있었다. 포스코는 설립 때부터 계약 후 확보된 주문만 생산한다. 먼저 돈 받고 생산한다는 얘기다. 많이 팔리는 제품의 경우 일정 수량을 재고로 가지고 판매해도 되련만, 배짱 사업하는 포스코가 원망스러웠다.

그런데 일보다 더 어려운 건 생활적인 문제였다. 언어, 운전, 골프 등 새로 쌓아야 할 것투성이었다. 가장 힘든 건 언어였다. 아무리 공부해도 일본어가 잘되지 않아 미칠 것만 같았다. 파견 당시 나는 일본어가 능숙하지 못했다. 가족이 일본 간사이 공항에 도착하여 수속을 밟는 것부터 어려웠다. 회사에서 누가 나와 도와주면 좋으련만, 규정상 안 된다며 아무도 도와주지 않았다. 언어가 안 되는 건 여러 가지로 불편했다. 이사를 하는 과정에서도, 고객사와 업무 미팅을 할 때도 모두 괴롭고 답답했다. 고객사와 식사 약속이라도 잡히는 날이면 며칠 전부터 밥맛이 없었다. 보통 약속 장소에는 우리 회사 2명, 고객사 2명이 나온다. 대화할 때 상대가 자신의 얘기를 말하면 못 알아들어도 알아듣는 척하면 되지만 내게 질문할 때면 문제가 발생했다. 질문을 알아듣지 못해서 동문서답을 하기 때문이다. 답변한 후 상대방 눈빛을 보면 내가 엉뚱한 말을 했다는 것을 눈치챌 수 있었다. 그럴 때면 너무 창피해서 그 상황을 잊기 위해 평소보다 많은 술을 마셨다. 그런데도 너무 긴장해서인지 술이 취하지가 않았다. 그럴 때면 내가 모시고 간 상사의 눈빛이 심상치 않게 변한다. 집으로 돌아갈 때면 웃으시며 공부 좀 하라고 말씀하시곤 했다. 좋은 분을 만나서 다행이었지 그렇지 않으면 본사로 돌려보냈을지도 모른다.

그래서 나는 일본어 공부를 해야만 했다. 매일 아침 출근해서 1시간씩 개인 교습을 받았다. 집에서는 짬 나는 대로 TV를 보았고, 일요일에는 외국인에게 일본어를 가르쳐주는 자원봉사센터를 찾아 공부했다. 그렇게 1년 정도 지나니까 혼자서도 영업할 수 있는 수준의 일본어가 되었다. 정말 무시당하지 않으려고 이를 악물고 열심히 공부했다. 누구든 주재원으로 나오려면 그 나라 언어는 마스터하고 나와야 한다. 그게 기본이니까.

운전도 넘어야 할 큰 산 중의 하나였다. 운전을 못 하면 아무 데도 갈 수가 없으니 면허를 따긴 해야 하지만, 일본에서 운전면허를 취득하는 것은 무척 어렵고 복잡했다. 운전전문학원에 등록해 5단계 70시간으로 단계별 중간시험에서 일정 점수를 획득하지 못하면 다음 단계로 넘어갈 수가 없다. 기간은 아무리 빨라도 3개월 이상 소요되며 학원비는 50만 엔(500만 원) 정도로 비싸다. 3개월간 개고생하며 드디어 운전면허증을 취득했다. 일본어도 안 되는 상황에서 비싼 대가를 치르며 취득한 자격증이었기에 이루 말할 수 없이 기뻤다. 그 이후 뭐든 할 수 있다는 자신감도 생겼다. 이제 직접 운전해서 어디든 갈 수 있게 된 것이다.

마지막 산은 골프였다. 나는 골프를 하지 않아 왕따를 당했다. 주재원이 되면 골프를 쳐야 한다고 해서 2개월 정도 골프 기본기를 배운 후 일본으로 출국했다. 그런데 골프에 도무지 흥미를 느끼지 못했다. 골프보다는 가족과 함께 여기저기 놀러 다니는 게 더 즐거웠다. 이런 내 모습에 상사와 직장동료들은 영업맨으로서, 주재원으로서 기본자세가 되어 있지 않다고 말하곤 했다. 고객사와 골프 약속에 응할 수가 없었고, 오사카 한국주재원들의 골프모임에도 나가지 않았다. 통상적인 영업활동이고, 친목을 다지기 위한 모임이었는데도 말이다. 어쩔 수 없이 골프 모임에 참석해야 하는 날이면 죽을 맛이었다. 골프를 치고 난 후에는 항상 몸살이 났다. 처음 1년은 골프를 치지 않고서도 그럭저럭 보낼 수 있었으나 더 이상은 도저히 안 되겠다는 생각이 들었다. 골프 연습장에 등록하여 전문 프로에게 레슨을 받기로 했다. 1년간 정말 열심히 노력했다. 드디어 골프 약속이 두렵지 않을 정도의 실력이 되었다. 골프에 어느 정도 적응이 된 지금에 와서 생각해보면 참 어리석었다 싶다. 마음만 먹으면 얼마든지 공짜로 골프를 칠 수 있는 기회를 내 발로 찬 셈이다.

나만의 방식으로 열정을 쏟아라

생활과 관련된 세 개의 큰 산은 넘었지만, 나의 본분은 일본에서 영업을 하는 것이었기에 역시 그 일이 가장 어려웠다. 당시 내가 했던 영업은 리스크가 커서 동료 중 누구도 하려 하지 않았다. 실패에 대한 부담이 컸기 때문에 항상 조마조마한 나날을 보내야 했고, 상황도 좋지 않았기 때문에 일 자체를 끌고 가는 것이 만만치 않았다. 그러나 어려운 일을 해낼수록 그 열매는 단 법이다. 나는 4년의 일본 주재원 생활 동안 최선을 다했고, 내 열정은 그만큼의 단 열매를 내놓았다.

가장 기억에 남는 건 아무래도 힘든 계약을 성사시킨 일들이다. 영업맨들에게 쉬운 계약이 있겠느냐만, 해외에서 계약을 하는 건 쉬운 일만은 아니다. 나는 주재원 생활 동안 최선을 다하고 싶었고 나름대로 열정을 쏟아 성장하고 싶었다. 그때 나는 세 가지 정도 열정을 쏟을 수 있는 나만의 방법을 만들었고, 그 방법대로 최선을 다해 달렸다.

첫째, 내가 맡은 일에 대해선 내가 끝까지 책임지겠다는 각오로 배포 있게 뛰어들자.

영업맨들은 다 알겠지만 계약 중에는 '사고 친 계약'이라는 게 있다. 가격 협상이 되지 않은 채 제품을 먼저 생산하고, 나중에 계약 가격이 정해지는 걸 의미하는데 이렇게 계약할 시 금액이 서로 맞지 않으면 큰 손실을 볼 수도 있다. 이것을 '사고 친 계약'이라고 말한다.

나는 이런 '사고 친 계약'을 하며 불황을 극복했다. 나는 일본의 주요 고객사였던 A, B 등을 설득하기 위해 매일 밤낮없이 여기저기 뛰어다녔다. 원하는 가격에 판매할 테니 주문서를 달라고 졸랐다. 고객사에게 일종의 백지 수표를 준 것이었다. 그렇게 해서 고객사로부터 가격 결정이 되지 않은 주문서를 받았다. 이러한 현지 상황을 알 리 없는 본사에서는 주문서를 보내라고 매일, 매시간 독촉 전화가 끊임없이 왔다. 엄청난 스트레스를 받았다. 10여 년 전 어떤 선배는 이러한 본사의 심한 압력에 굴복하여 계약되지 않은 가짜 주문을 넣어 제품을 받은 후 팔 수가 없어 쌓아만 두었다고 한다. 그는 결국 포스코재팬에 큰 손실을 입혀 결국 회사에서 잘리고 말았다. 얼마나 괴로웠으면 그렇게까지 했을까. 나도 당해보니 이해가 되었다.

나는 도저히 견딜 수 없는 압박에 일단 확보한 주문서를 본사로 보냈다(직속 상사와 구두보고 후 실행하긴 했다). 그런 후에 본사에 고객사가 제시한 가격을 받아들이도록 설득할 생각이었다. 이제 남은 건 본사와의 가격 협상이었다. 고객사에 제시한 백지수표를 놓고 말이다. 제품이 나오기 전에 가격이 오르기라도 하면 큰 낭패를 볼지도 몰랐다. 이런 경우 고객사가 제시한 가격을 본사가 받아들이지 않을 가능성이 있기 때문이다. 본사가 고객사의 제시 가격을 받아들이지 않으면 포스코재팬이 차액을 손해보아야 하기 때문이다. 불황은 더 지속될 것이라는 나의 예측대로 그 이후에도 몇 달간은 계속해서 가격이 더 내렸다. 다행히도 고객사가 제시한 가격이 본사가 요구한 가격보다 높은 가격으로 바뀌어 있었다. 오히려 고객사가 비싼 가격에 제품을 인수하는 형국이 되어 버린 것이다.

둘째, 모두가 꺼리는 일을 내 것으로 만들어 완성해내자.

일본의 C 상사는 최저가로 제품을 구매해서 소량 구매 고객사에게 큰 마진을 붙여 판매하는 상사다. 그래서 철강사들은 이 상사를 별로 좋아하지 않는다. 너무 저가를 요구해 시장가격을 흐려놓기 때문이다. 하지만 이 상사는 판매 수량을 얼마든지 소화할 수 있고 결재도 확실하다. 포스코와 같은 큰 철강사는 이런 유통상이 필요할 때가 반드시 있다. 그러나 워낙 소문이 안 좋게 난 터라 포스코의 누구도 그곳과 거래를 한 적은 없었다.

그러나 나는 C 상사와 무척 친하게 지냈다. 특히, 오사카에 주재하는 사장 아들과는 친구처럼 지내기도 했다. 그는 아버지의 촉망을 받으며 차기 사장으로 내정되어 있었다. 우리는 함께 수차례 한국 출장도 다녀왔다. 나는 그와 친해지려고 무척 노력했다. 일적으로 도움이 되기도 했지만 가까워지면서 인간적으로도 잘 통하고 괜찮은 사람이라 느껴졌다.

한번은 그와 저녁 약속을 해 놓고 통풍 때문에 발이 퉁퉁 부어올라 걷기조차 힘든 적이 있었다. 신발을 신을 수 없어서 슬리퍼를 신고 출근했을 때이다. 약속을 지키려고 발이 퉁퉁 부어오른 상태로 술 약속에 나갔다. 마시면 안 되었지만 분위기를 맞춰주기 위해 술을 마시며 약속을 지킨 적이 있다. 술을 한참 마시다 내 발을 본 그는 나의 몸 상태가 좋지 않다는 걸 그제야 알게 되었고, 이 상황에서도 약속을 지킨 나에게 무척 고마워했다. 아내는 그 몸으로 약속에 나가는 나를 보고 '미쳤다'며 잔소리를 했지만, 나에게 그 약속은 중요했고 일에 대한 열정이 모든 걸 앞서던 시기이기도 했다.

그렇게 쌓은 관계는 결국 일에도 긍정적인 성과로 이어졌다. 제품을 팔지 못해 전전긍긍하고 있을 때마다 C 상사가 나서서 도와주었기 때문이다. 열정은 반드시 성과로 보답한다는 걸 그때 여실히 깨달았다.

셋째, 서로 윈-윈 할 수 있는 곳에 모든 걸 쏟자.

좋은 일은 나눌수록 2배가 된다는 말은 그냥 있는 말이 아니다. 실제로 아무리 좋은 일도 나 혼자만 누리면 재미가 없다. 그래서 나는 나도, 상대도 좋은 일에 무조건 열정을 쏟는다. 아니, 최대한 일이 그렇게 되도록 노력하는 편이다.

주재원 당시 연말에 고객사에게 대폭 할인된 가격으로 제품 판매를 한 일도 그런 생각에서 내가 먼저 회사에 제안한 것이었다. 어려운 여건에서도 한 해 동안 우리를 도와준 고객사들에게 감사의 인사를 하고 싶었다. 빅 세일 행사는 포스코 본사와 고객사를 함께 즐겁게 해주었다. 물론 포스코재팬의 연간 영업목표를 달성한 이후라서 가능한 일이었다. 포스코재팬의 이익을 희생해서 고객사에게는 할인된 가격으로 판매하고, 포스코 본사에는 대량의 주문서를 확보할 수 있게 해주어 연말을 즐겁게 보내도록 한 것이다. 직장 상사와 협의해서 한 일이었지만 정말 신나고 즐거웠다. 뭔가 성취한 것 같았고 보람이 느껴졌다. 이런 행사는 고객사들의 경영에 큰 힘이 되어주었고, 고객사가 포스코에 더 충성하게 만들었다. 나는 이런 영업활동으로 희열을 느꼈고, 그때가 아니면 절대 맛볼 수 없는 성취감을 만끽했다. 이 모든 것이 나에게는 성장을 위한 시간이었다.

열정적으로 성장할 것인가, 대충대충 퇴보할 것인가

주재원 생활에서 일만 한 것은 아니었다. 즐겁고 유익한 경험도 많았다. 다양한 사람들을 만나 의전 업무를 수행하고, 소통함으로써 이전에는 없었던 인적네트워크를 구축할 수 있었다. 본사에서 나온 출장자들을 잘 챙겨주고 업무협조를 많이 받았고, 내가 본사로 돌아갈 부서를 찾을 때도 도움을 받았다. 본사에 돌아가서도 좋은 관계는 이어졌다. 일본에서 친하게 지내던 다른 회사 주재원과는 한국에 돌아와서도 친하게 지내고 있다. 지금도 가끔 부부동반으로 만나 술 한잔하며 애들 교육문제며 다양한 가정사에 대해 얘기하곤 한다. 그리고 즐거운 여행이 추억으로 남아있다. 우리 가족은 한 달에 한 번 이상 일본 국내 여행을 하며 문화체험을 했다. 회사가 가지고 있는 '엑시브'라는 콘도 회원권을 이용하여 간사이 지역을 중심으로 전국 여러 지역을 다닐 수 있었다. 콘도에서는 천연온천을 즐기며 유명 셰프가 해주는 맛있는 식사를 할 수 있다. 회원이 아니면 숙박이 되지 않아 언제나 여유 있고 쾌적한 환경을 갖추고 있는데, 우리는 회원권으로 비싸지 않게 이용할 수 있었다. 또한 아이들에게 영어공부를 시킬 수 있었다. 회사에서 학비를 지원받아 4년간 국제학교를 다니며 영어를 잘할 수 있게 되었다. 덕분에 애들은 미국이나 유럽으로 대학진학을 한 친구들과 글로벌한 인적네트워크도 가질 수 있었다. 이를 계기로 큰 애는 일본에서 대학을 다니고 있다. 주재원 생활이 없었으면 경험할 수 없는 일들이다. 애들뿐 아니라 온 가족이 색다른 문화체험과 여가활동을 즐길 수 있었고, 이전에는 갖지 못했던 새로운 추억들을 쌓을 수 있었다.

좋은 점만큼 힘든 점도 있었던 건 사실이다. 매일 문제에 문제가 터져 하루하루 조마조마한 나날을 보냈지만 이러한 문제를 해결해 나가는 것이 내겐 희열을 느끼게 해주었다. 아무도 알아주지 않았지만 열정을 쏟는 그 순간 자체가 내겐 자부심이었고 보람이었다. 그런 내가 스스로 대견스러웠고 조금씩 앞으로 나가고 성장하는 모습이 자랑스러웠다. 살면서 그때만큼 큰 산을 고비고비 넘으며 내 모든 열정을 쏟았던 때가 또 있을까 싶다. 지나 보면 언제나 그런 순간이 가장 큰 기쁨과 보람으로 남게 된다.

사람들은 '열정'이라는 단어를 나 자신을 위한 것이 아니라 남을 위한 것이라고 생각하는 듯하다. 그래서 일에 열정을 쏟으면 그 공이 다 회사로 돌아가고 나에겐 남는 게 없다고 생각하는 것이다. 일이 아니라 공부도 마찬가지다. 아이들에게 공부를 시켜보면 '열심히 하라'는 말에 짜증을 낸다. 그 결과는 내가 아니라 아이들에게 돌아가는 건데도 말이다.

결국 '열정을 쏟는다'는 것은 나의 성장을 위한 행위다. 대충대충 하면 그 당시 마음과 몸은 편하겠지만 모두가 앞으로 나아갈 때 그 자리에 있다는 사실만으로도 퇴보가 된다. 그러나 열정은 나를 앞으로 나아가게 만든다. 그리고 자존감을 세운다. 열정적인 나 자신을 만나는 순간 자신감이 솟고 스스로를 칭찬할 수 있기 때문이다. 열정적으로 일하고, 열정적으로 공부하고, 열정적으로 사는 것은 오롯이 나를 위한 것이다. 그리고 '일'에 대한 열정을 쏟는 가장 적절한 시기는 바로 '회사'에 있을 때다.

Chapter 05

일을 즐기기 위한
나만의 노하우가 필요하다

'피할 수 없으면 즐기라.'는 말들을 많이 한다. 그런데 그건 말처럼 쉽지 않다. 특히 생계 수단으로 해야 하는 '일' 앞에서는 더욱 그렇다. 그래서 '일'을 잘하는 사람보다 즐기는 사람들이 더 고수처럼 보이기도 한다. 과연 일을 즐기면서 한다는 건 어떤 걸까. 어떻게 해야 일을 즐기며 할 수 있는 걸까.

무엇보다 일에 대한 태도와 접근방법이 달라야 한다. 내가 이 일을 맡았으니 해야만 하는 것이 아니라 내가 이번 일을 통해 어떻게 무엇을 할 수 있고, 어떤 것을 배울 수 있으며, 어떤 성과를 낼 수 있을까. 그리고 어떤 재미있는 것들이 기다리고 있고, 누구를 새로이 만날 수 있으며, 이 일을 통해 어떤 경험을 해볼 수 있을까. 이렇게 접근하는 게 즐기는 것이다. 그런데 이렇게 즐기는 사람은 생각보다 많지 않다.

일은 왜 즐기기가 힘들까? 취미생활, 노는 거, 먹는 거, 이런 것들은 다 즐길 수 있다. 그런데 일은 왜 그렇게 되지 않는 걸까? '일'은 돈을 버는 수단이라고 여기기 때문에 그렇다. 그럼 어떻게 하라는 것인가. 일에 어떤 의미를 부여해야 한다. 새로운 여행지에 가서 새로운 경험을 하는 것처럼 새로 주어진 일도 내 인생에 있어서 새로운 경험이 될 수 있다. 일은 우리가 오랜 시간 동안 열정을 쏟는 행위이며, 단순히 생계를 유지하기 위해 돈을 버는 행위가 아니라 '나'라는 사람을 성숙시키고 나의 가치를 더욱 높여 줄 수 있는 중요한 수단이다. 그리고 내가 하는 일은 현재의 과정과 맞물려 미래의 새로운 가능성을 만들어낸다. 의미와 이유를 생각하며 하는 일은 시간이 흘러 나중에 큰 결과물로 드러나게 된다.

자신이 원하든 원치 않든 일은 주어진다. 이럴 때 일이 내 삶에 어떤 의미를 줄 것인지, 이것을 통해서 해보고 싶은 것이 무엇인지 생각해보아야 한다. 새로운 일을 해보면, 내 성향을 파악해볼 수 있고, 내 능력을 발휘해볼 기회를 가질 수 있다. 그것도 주체적으로 경험해본다면 내게 큰 의미 있는 일이 될 수도 있다. 그런 경험이 하나둘 쌓이면 새로 주어진 업무도 즐길 수 있게 된다.

일을 즐기면 그 속에서 새로운 나를 발견한다

해외 출장을 가는 것을 좋아하는 사람도 있고 싫어하는 사람도 있다. 나는 수출부서에 근무하면서 이 일을 어떻게 즐길까에 대해서 여러 가지 생각을 해보았다(나는 항상 일을 맡기 전에 그 일이 나에게 어떤 의미일지, 그 일을 통해 어떤 경험을 할지에 대해 진지하게 고민한다). 해외로 출장 간다는 것은 오랜 시간 비행기를 타야 하며, 돌아와서는 시차로 인해 한동안 피곤하게 생활해야 하는 어려운 점이 있다. 또한 영업 성과를 반드시 내야 한다는 사명감 같은 게 따른다. 반면 해외 출장은 개인 비용으로 갈 수 없는 미지의 세계에서 새로운 사람들과 교류하며 시야를 넓힐 수 있고, 자신의 업무 역량을 발휘할 기회가 되기도 한다.

나는 수출영업을 하며 10여 년 동안 매년 3~4회 장거리 해외 출장을 다녔다. 처음 1년 동안은 언어 소통, 시차 적응, 맞지 않은 음식 등으로 어렵고 힘들었다. 이러한 문제들은 3~4번의 출장 후 대부분 자연스럽게 해결되었다. 하지만 출장 후 업무성과에 대한 압박감은 항상 나를 괴롭혔다. 그러나 출장에 일의 의미를 부여하니 세상이 다르게 보이기 시작했다. 매번 가는 출장이었지만 늘 마지막이라 생각하고 모험을 즐기면서 열정적으로 다녔다.

한번은 코스타리카 공항에서 사문서 위조범으로 감옥에서 하루를 보낸 적이 있다. 그 당시 콜롬비아 공항에서 코스타리카행 비행기에 탑승할 때는 일주일 전에 황열병 예방 주사를 맞아야만 한다. 공항에 도착해서야 그 사실을 알 수 있었다. 나는 코스타리카로 출국을 해야 할지 말아야 할지 고민을 했다. 그때 2가지 생각이 났다. 하나는 어떻게든 계약을 해서 주문서를 확보해야 한다는 것. 회사는 정말 어려운 상황에 놓여 있었다. 한국이 IMF 체제하에 놓이게 됨으로써 모든 산업이 엉망진창이던 시기였다. 다른 하나는 코스타리카 현지에서 내가 오기를 기다리고 있는 많은 고객사가 있다는 것.

그래서 나는 콜롬비아와 코스타리카 한국대사관에 전화를 걸어 이런 절박한 상황에 대해 사정을 설명하고 도움을 요청하기로 했다. 그랬더니 코스타리카 한국대사관에서 수단과 방법을 가리지 말고 일단 입국해 보라고 했다. 만약 불법 입국으로 적발되더라도 최대한 선처 받을 수 있도록 도와주겠다고 했다. 나는 콜롬비아 공항에서 예방주사를 맞고 날짜를 위조하여 비행기에 탑승하고, 코스타리카 공항에 도착하여 입국수속을 밟을 수 있었다. 그런데 4명 중 1명이 위조로 걸리며 나머지 3명도 함께 위조범으로 잡혀버렸다. 그래서 공항 감방에서 하루를 보내야 했다. 코스타리카 대사관에서 영사가 감방으로 담요와 간단한 먹을거리를 들고 면회를 와 주었다. 특별한 조치가 없으면 다음 날 콜롬비아로 추방된다고 하였다. 그러면서 다음 날 코스타리카 보건복지부 장관을 만나서 신원을 보장할 테니 석방해 달라고 요청해 주겠다고 했다.

그러나 우리는 불안한 마음으로 하룻밤을 감방에서 보낼 수밖에 없었다. 다행히 다음날 오후에 영사로부터 곧 석방되어 코스타리카에서 일을 볼 수 있게 되었다는 얘기를 들을 수 있었다. 하루 늦게 입국을 하였는데도 4개 고객사가 공항 출국장에서 우리를 반갑게 맞아주었다. 그들은 어렵게 입국한 것을 고마워했다. 이를 계기로 고객사들과 많은 계약을 할 수 있었다. 나는 그때까지만 해도 해외 대사관은 '갑질'만 하는 곳으로 알았다. 그런데 그 일로 그들이 국민을 위해 열심히 일한다는 것을 알 수 있었다. 이 자리를 빌려 다시 한번 코스타리카 대사관에 감사의 인사를 드리고 싶다.

해외 출장 에피소드는 여기서 끝이 아니다. 코스타리카 출장으로 내 안에 어린아이 같은 모험심이 가득하다는 것을 발견하게 됐다. 돌발적인 상황을 좋아하지 않고, 새로운 경험을 두려워할 것 같았던 내가 어려운 상황 속에서 그것을 극복하고 새로운 환경 속에 새로운 경험을 하는 것을 좋아하다니. '나' 자신에 대한 새로운 발견이었다. 그래서인지 코스타리카에서 그 고생을 했으면서도 나는, 다음 출장길에 기꺼이 또 오르게 되었다.

우리 제품을 사준다는 곳이 있으면 그게 어디든 가야 한다. 과테말라도 그중 하나였고, 공항에 발을 딛기 전까지만 해도 그곳이 그렇게 낙후되고 위험한 곳인지 몰랐다. 그때 나는 코스타리카에서 업무를 보고 과테말라로 넘어가는 일정이었다. 그런데 코스타리카 공항에서 새로운 소식을 접하게 됐다. 과테말라에는 국제공항이 하나밖에 없었는데 노조가 데모를 해서 공항이 폐쇄된 상태라는 것이다. 어떻게 해야 할지 망설여졌다. 포기하고 안전하게 한국으로 돌아갈지, 무리해서 과테말라로 갈지. 나는 결국 회사의 어려운 사정과 현지에서 기다리는 고객사를 생각하여 무리해서라도 가기로 결정했다. 다행히 잠깐 공항을 열어주어 비행기로 무사히 과테말라에 입국할 수 있었다.

문제는 그때부터였다. 오랜 시간을 기다려준 6개의 고객사들과 계약업무를 마무리한 후 한국 식당에서 식사를 하고 있을 때였다. 한국인 식당 주인이 식사 중인 우리에게 여기에서는 공항이 한번 폐쇄되면 언제 재개될지 모른다고 하면서, 방금전 공항이 폐쇄되었으니 서둘러 출국해야 한다고 알려주었다. 우리는 식사를 하는 둥 마는 둥 하며 서둘러 여러 방법을 찾아보다가 인접국인 엘살바도르에 가서 비행기를 타는 것이 최선이 방법이라고 결론을 내렸다. 나는 과테말라 현지 상사맨에게 부탁하여 육로로 국경을 넘기로 했다. 그는 나를 국경까지 데려다주고 돌아갔다. 국경을 넘은 후에는 엘살바도르 차량을 이용해야 한다고 해서 세관 공무원에게 택시기사를 추천받기로 하였다.

그리고 곧 영화에 나오는 무시무시한 장면이 시작되었다. 밤 12시경. 비는 억수로 쏟아지는 국경에서 문짝이 두 개밖에 없는 한국의 포니 승용차를 소개받아 타게 되었다. 그리고 출발한 지 20분 정도가 지나자 운전기사는 어디인지 모를 창고로 차를 끌고 들어가더니 돌연 차를 세우고는 어디론가 사라져버렸다. 그리고 나와 출장 동료 1명은 어두운 창고 안에 덩그러니 남겨지게 되었다. 정말 무서

웠다. 우리 둘은 이젠 우린 죽었구나, 여기서 우리를 죽여 어딘가에 가져다 버려도 아무도 모르겠구나 하며 발발 떨었다. 한참 후에 기사가 나타나더니 그곳은 자기 집 창고로, 소지품을 챙기기 위해 잠시 들렀다고 하며 우리를 안심시켜 주었다. 애써 웃었지만, 사실 그때 우리는 오줌만 싸지 않았을 뿐 삶을 포기한 사람처럼 안절부절못하고 있었다. 육로로 국경을 넘는다는 것이 얼마나 위험한지를 실감한 순간이었다.

지금도 가끔 그때 과테말라에 함께 다녀온 사람들 혹은 또 다른 동료들과 이 얘기를 나누곤 한다. 물론 웃으며 이야기를 나누지만, 그때의 기억은 아직도 아찔할 정도로 생생하다. 안정적인 회사에서 맡은 일만 해도 꼬박꼬박 월급이 나오는데, 굳이 이러한 위험을 감수하며 이런 일을 도맡아 할 사람이 누가 있을까. 그러나 그 후에도 나는 해외 출장에 더 적극적으로 임했다. 몇 번의 해외 출장을 통해 내가 어떤 사람인지 알게 되었기 때문이다. 내 안에는 누구보다 호기심 많고 도전심 강한 내가 있었고, 나를 기다리는 사람에게 약속과 의리를 지켜내겠다는 책임감 강한 내가 있었다. 물론, 위험한 도전들에는 항상 그만큼의 심장 쫄깃한 두려움이 뒤따르지만 그것을 극복해낸 후의 쾌감, 즐거움, 그리고 뿌듯함은 그 두려움을 이기기에 충분했다.

나는 그 후에도 쿠바, 베네수엘라, 로스로케스 섬, 페루, 브라질 등을 다니며 새로운 곳을 보고 느끼고 경험하며 신나게 출장을 다녔다. 보통 60시간씩 비행기를 타야 했지만, 나중에는 그것도 익숙해졌다. 말 그대로 일을 '즐긴' 것이다. 인천공항으로 향할 때마다 '이번에는 어떤 일이 나를 기다리고 있을까.' 하는 생각에 가슴이 두근거리곤 했다.

일을 즐기는 사람은 성과도 좋다

일을 즐기는 사람은 이미 열심히 하며 최선을 다하는 것은 기본 베이스로 깔고 간다. 즐기는 것이 최선을 다하는 것보다 한 수 위인 이유다. 따라서 최고의 성과는 즐기는 사람이 가져갈 수밖에 없다. 최선을 다하는 건 좋은 일이지만 즐거움이 빠진 노력은 나를 지치게 만든다. 또 그 노력을 제대로 알아주지 않는다면 더욱 지치게 된다. 5년, 10년, 20년… 뼈를 묻을 각오로 일하는데도 그 노력을 알아주지 않는다면 얼마나 지치겠는가. 하지만 즐기는 사람은 어떤 보상을 바라며 달리는 게 아니다. 그들은 과정 자체를 즐기며, 좋은 결과를 덤으로 여긴다. 그러니 어떻게 그들을 이길 수 있을까.

특히 '내 인생에서 왜 이렇게 발전이 없을까.' 싶은 생각이 든다면 즐기는 사람이 왜 성공하는지에 대한 참뜻을 알아야 한다. 2002년 월드컵 4강의 주역이었던 축구 선수 이영표는 조금 늦게 국가대표가 된 선수다. 우리는 모두 그의 멋진 모습만을 기억하고 있지만, 그의 과거에는 매우 절망적이고 힘든 과정이 있었다. 대학 친구들이 모두 승승장구할 때 새벽 5시면 일어나 산을 오르며 노력하던 그에겐 정작 국가대표라는 기회가 주어지지 않았기 때문이다. 나중에 기회를 잡고 최선을 다해 쌓았던 기본기로 떳떳하게 국가대표가 되었지만, 그가 확실히 깨달은 것이 있다. 축구에 있어서 열심히 최선을 다하는 것을 넘어 정말 즐기는 사람은 절대 이길 수가 없다는 사실이다. 특히 운동 분야에서는 즐기는 사람을 따라잡지 못한다. 운동선수에게 승부욕은 기본이겠지만, 이기고 지는 승부를 떠나 그 과정에서 최고의 희열을 느끼는 사람은 절대 지치지 않는다. 슬럼프 역시 잘 극복하고 멘탈도 뛰어나다.

직장인이라고 다르겠는가. 일을 즐기는 사람이 언제나 성과가 좋다. 즐긴다는 것은 마냥 노는 게 아니라 내가 임한 것에 온전히 집중하는 상태이다. 평소 무심코 지나치기 일쑤였던 것에 집중해 봄으로써 일에 의미를 부여할 수 있고 일을 즐길 방법을 터득할 수 있다. 때때로 내가 하는 일에 대한 '이상'이 얼마나 높은지 점검해보는 것도 도움이 된다. 내 목표가 자신이 감당할 수 있는 것 이상일 때, 기꺼이 변화할 수 있고 그것을 즐길 수 있다. 늘 하던 것, 익숙한 것, 언제든 충분히 해낼 수 있는 것들을 즐기기란 쉽지 않은 법이다.

일을 즐기는 사람이 될 것인가? 주어진 일만 감당하는 사람이 될 것인가, 선택이 필요하다. 일은 당신에게 어떤 의미가 있는가? 내 인생에 있어서 일을 어떻게 받아들일 것인가? 이는 내가 스스로 규정하는 것이다. 그것이 일을 즐기는 방법이라고 생각한다. 나는 오랜 기간 다양한 나라를 오가며 스펙터클한 경험을 했고, 이런 시간을 통해 새로운 나를 발견했고, 일에 대한 생각과 태도를 다르게 할 수 있었다. 일을 즐기는 사람은 고수다. 그들은 '높은 이상'을 달성할 기회를 절대 놓치지 않는다. 새로운 경험 앞에 주저하지 않는다. 일단 부딪혀 뛰어든 사람만이 그 일을 즐길 노하우를 발견할 수 있다는 사실을 잊지 마라.

Chapter 06

자신의 역사는 스스로 기록해라

―――――

　열정은 뭔가에 '자신이 가진 모든 것을 올인하는 것'이다. 누구
나 살면서 한두 가지 정도는 자신의 열정을 쏟을 만한 주제를 만나
게 된다. 직장생활을 할 때는 대부분 그 주제가 '일'이 된다. 맡은 일
에 열정을 쏟으라고 말하는 이유는, 모든 에너지를 쏟아서 해낸 일
과 그렇지 않은 일의 결과가 완전히 다르기 때문이다. 다른 주제도
마찬가지다. 열정이 있다고 해서 그것을 잘한다는 뜻은 아니다. 하지
만 그 대상이 뭔가 꼭 대단한 게 아니라 할지라도 내 모든 것을 쏟아
서 해내는 것과 아닌 것은 항상 결과에서 차이가 난다. 혹 결과에서
큰 차이가 나지 않는다 하더라도 그 과정을 통해 분명히 '성장'이라
는 보상이 주어진다. 그런데 우리가 말하는 그 '열정'을, 매일 반복되
는 일상에 쏟는다면 어떻게 될까. 매 순간 일 분 일 초를 허투루 보
내지 않고 내가 그 시간에 무엇을 했는지 오늘은 무엇을 하는지 그
리고 내일은 어떤 삶을 살 것인지에 대해서 생각하고 점검해본다면.
아마 매일 성장하는 삶을 살게 될 것이다.

직장생활을 하는 동안 나는 내게 주어진 하루하루를 정말 충실하고 열정적으로 살아내고자 노력했다. 그 노력은 지금 80여 권의 수첩으로 남아 있다. 나는 1989년 3월, 포스코에 입사하는 그날부터 지금까지 매년 1권에서 많게는 4권까지 매일 수첩을 쓰고 있다. 학창 시절 모든 것을 메모로 남기는 친구로부터 영향을 받아 공부하고 배우고 보고 느낀 것들을 글로 남기는 일을 시작한 것이 지금까지 오게 된 것이다. 그런데 이러한 '기록'의 행위는 시간을 허투루 보내지 않게 하고, 매 순간을 열정적으로 살아내는 데 정말 큰 역할을 한다. 지난 30여 년 동안의 기록 활동은 매 순간 나를 긴장시키고, 내 삶을, 시간을 함부로 하지 못하게 해주었다.

성과는 계획을 기록하느냐, 아니냐에서 갈라진다

나는 입사 당일부터 퇴사 직전까지 수첩을 들고 다니며 열심히 일에 대한 메모를 했다. 그러나 입사 후 업무를 가르쳐주는 선배는 있어도 수첩 쓰기를 가르쳐 주는 선배는 없었다. 나는 그냥 회사에서 받은 수첩을 활용하여 적어야 할 일이 생기면 아무 때나 썼다. 업무뿐 아니라 일상생활을 포함하여 아무거나 닥치는 대로 수첩의 빈 공간을 채웠다. 하루가 가고, 한 달이 가고, 일 년이 되면 금세 매일매일의 기록들로 가득 찼다. 한해가 지나갈 때마다 책꽂이에는 수첩

이 차곡차곡 쌓여 갔다. 새해가 되면 새로운 수첩이 생겼다. 다시 한 해가 수첩 쓰기로 반복되었다. 이렇게 수첩 쓰기는 지속되어 나의 일상이 되었고 나의 역사가 되었다.

나는 목표와 시간 관리를 하는 사람은 반드시 성과를 낸다고 생각한다. 꾸준하게 성과를 내는 사람은 직장에서나 가정에서도 성공할 수밖에 없다. 지금 와서 생각해보니 직장생활에서 남은 가장 소중한 것 중 하나가 수첩 쓰기였다고 생각된다. 수첩 쓰기로 목표를 세우고 시간을 관리하며 하루하루를 정말 알차게 보냈다. 이를 통해 정말이지 놀랍게도 계획한 것이 대부분 이루어졌다. 회사업무도 개인적인 목표도 많이 성취되었다. 모든 사람은 자기 나름의 목표와 시간 관리를 한다. 하지만 그 성과는 계획을 기록하느냐 하지 않느냐에 따라 큰 차이가 있다. 기록을 한다는 것은 계획에 그치지 않고 매일매일 그 계획을 점검하는 것이 가능하기 때문이다. 또한 꾸준히 기록하고 수시로 점검하면 목표 달성이 훨씬 더 수월해진다. 물론, 기록을 지속하는 일은 쉽지 않다. 그래서 자기만의 관리 방법이 필요하다. 사람마다 처한 환경이 다르고, 활용해야 하는 시간이나 공간의 범위도 다르기 때문에 그런 것을 고려한 '나만의 수첩 쓰기'가 필요하다. 잠시 나만의 수첩 쓰기 방법을 소개해보고자 한다.

나만의 수첩 쓰기

1) 매년 초에 연간 단위로 목표를 세운다.

목표는 수첩 맨 앞에 부착해두고 수시로 점검한다. 세부 목표는 5가지로 업무계획, 건강관리, 자산관리, 학습활동, 비즈니스 관계구축으로 나누어서 연간계획을 수립한다. 이들 세부 목표 중 가장 중요한 항목을 지수화하여 성과를 관리한다.

2) 매월 초에 월간 단위의 큰 이벤트 중심으로 계획을 세운다.

월간계획은 5개 연간계획 항목에 맞춰 작성한다. 디테일한 업무 내용은 적기가 어렵기 때문에 정기회의 일정, 교육 일정, 연차휴가 계획, 외부 약속 등을 중심으로 적는다. 내게 발생한 중요한 사건들을 그때그때 적어두기도 한다. 월간 단위로 정리한 내용은 한 달간 해야 할 중요한 것을 빠뜨리지 않게 해주고, 나중에 기억을 떠올릴 때도 큰 도움이 된다.

3) 매주 초에 주간 단위로 일상을 계획하고 관리한다.

한 주의 핵심활동, 개인 주요활동, 자기 성장에 대한 목표를 정하여 요일별로 일정을 구분하여 관리한다. 한 주간의 계획을 일목요연하게 볼 수 있어 목표관리에 도움이 된다. 주간 단위로 업무와 시간을 관리하는 것이 효율적이라는 것을 알게 되었다.

4) 매일 아침에 일 단위로 루틴과 주요 업무를 계획하고 관리한다.

매일 한 페이지를 할애하여 노트 쓰기를 한다. 일 단위로 매일 습관처럼 해야 하는 일들을 적는다. 매일 해야 하는 업무, 약속, 기상시간, 독서, 운동, 공부, 좋은 문구 같은 것들이다. 이제 본격적인 수첩 일기 쓰기가 시작되는 것이다.

나는 수첩을 회사에서나 집에서나 항상 들고 다닌다. 새로운 계획이 생길 때면 채워 넣기도 하고 계획된 일의 진행 상황을 수시로 점검하기도 한다. 실행이 되었으면 '체크' 표시를 한다. 그럴 때마다 성취했다는 작은 쾌감을 느낀다. 소소한 중독성이 있다.

체크 표시를 하기 위해서 더 열심히 일일습관을 실천하게 된다. 일 단위 수첩 여백에는 하루 동안에 일어나는 주요 내용을 기록한다. 회의결과, 내게 일어난 일들, 느낀 점들을 적는다. 직장인의 하루 일기라고 생각하고 매일매일 쓴다. 그리고 여기에 다른 기록 고수들도 잘 하지 않는 나만의 수첩 쓰기 비법 2가지가 더 있다. 그중 하나는 바로 '사람 쓰기'다.

직장생활에서 인간관계의 중요성은 아무리 강조해도 지나침이 없다. 혹 이 글을 읽는 사람 중 자신의 주변 사람에 대한 이야기를 써본 적이 있는가? 아마 별로 없을 것이다. 데일 카네기는 저서 《인간관계론》에서 대인관계의 핵심이 되는 비밀에 대해 이렇게 말한다. "사람의 이름과 정보를 기억해라. 누군가를 다시 만나게 될 때 그의

ex) 년간/월간/주간/일간 표

작가의 32년 동안 쓴 수첩 중 일부

이름과 작은 정보들만 기억해도 상대방의 마음을 얻을 수 있다."

'사람 쓰기'는 수첩 쓰기에 있어 가장 기본이면서도 강력한 도구다. 하지만 많은 사람이 실천하고 있지 않다. 번거롭고 귀찮기 때문이다. 하지만 경험으로 볼 때 할 수만 있다면 이 도구는 반드시 당신만의 경쟁력이 된다. 다른 사람들과 대화를 하다가 알게 된 정보들은 기억을 해두었다가 노트에 써보자. 이를 활용하여 상대방과 대화할 때 활용한다면, 상대방은 나를 기억해주는 당신에게 고마워할 것이다. 이 세상에서 가장 소중한 이야기는 자신의 이야기이기 때문이다. 아마 데일 카네기도 그런 인간의 심리를 잘 알았던 것 같다.

나만의 수첩 쓰기 2가지 비법 중 나머지 하나는 '수첩의 단권화'다. 일전에 큰 시험을 준비한 적이 있다. 시험준비의 핵심은 단권화 작업이다. 여러 교과서를 이리저리 뒤적거리는 것이 아니라 한 권으로 볼 수 있도록 하는 것이다. 그러면 시험 전에 훨씬 효율적으로 준비를 할 수 있게 된다. 노트 한 권만 있으면 준비가 끝나는 것이다. 직장인 노트도 마찬가지다. 한 권으로 통일하는 것이 좋다. 한 권의 노트에 정보가 모여있지 않으면 정보 찾다가 시간이 다 간다. 계속해서 정보를 업데이트할 수 있도록 바인더 링을 사용하는 것도 추천해본다. 클라우드 기반의 온라인 노트에 기록하는 것도 단권화 방법 중 하나이다.

나의 역사는 내가 만들어라

나는 기록했다. 빠짐없이, 끊임없이. 그때의 기록들을 지금 읽어 보면 내가 어떤 삶을 살았는지 보이고 앞으로 어떻게 살아야 할지 보인다. 그 기록들은 내 삶의 역사이고 내가 얼마나 열정적이고 또 한순간 한순간을 충실하게 살았는지를 보여주는 살아있는 내 삶의 이야기이다. 퇴직을 한 지금 만약 내게 그 수첩들이 남아있지 않다면, 훨씬 허전하고 허탈한 생각이 들었을지 모른다. 그 기록들은 나의 과거를 보여주는 소중한 역사이기도 하지만, 앞으로 나아가야 할 방향을 제시하는 훌륭한 나침반이 되기도 한다. 적어도 나는 수첩을 통해 내가 어떤 사람인지, 무엇을 잘했고 어느 때에 정말 즐겁고 열정적이었는지를 알 수 있다.

올바른 수첩 쓰기를 꾸준하게 하면 직장에서의 성과는 물론이거니와 개인 삶의 성장에도 큰 영향을 미치리라 확신한다. 정보를 분류하고 관리하는 힘이 생기고, 보고서 작성에 유리한 건 수첩 쓰기가 가져다주는 놀라운 혜택의 일부분일 뿐이다. "오늘도 회사에서 뭐 하지." "오늘 또 스트레스받는 일만 잔뜩 있겠네." "매일 반복되는 일 지겨워." 직장인이 자신의 삶을 경영하는 방법 중 가장 탁월한 선택은 '수첩 쓰기'다. 누구도 내 역사를 대신 써주지 않는다. 당장 책상 위에서 당신을 기다리는 수첩을 집어 들기를 바란다. 그리고 매일 똑같이 그렇게 살아가는 삶에 젖어드는 게 아니라 내가 무엇을 하고 있는지 어떻게 살고 있는지 기록해라. 일이 나의 삶에 어떤 영향을 미치고 있고, 내가 그 일을 나의 삶에 어떤 의미로 받아들이는지 항상 기록하며 점검해라. 역사는 우리에게 새로운 미래, 더 나은 미래를 선물해준다. 기억하길 바란다. 수첩 쓰기는 직장생활을 위해 필요하지만, 퇴직 후에 열어 갈 새로운 삶의 역사를 위해서도 필요한 일이라는 것을.

Part **4**

자신의 **사업**을
경영하는
직장인 되기

진짜 어렵고 위험한 도전은
직장 내에서 해라

당신이 원했던 어떤 존재가 되기에는

지금도 결코 늦지 않았다.

_조지 앨리엇

나는 사내벤처를 이렇게 시작했다

직장인들은 하루 일과가 대부분 정해져 있다. 출근해서 차 한잔 마시며 아침 회의를 한 후 거기서 나온 내용을 하루 동안 실행하고 결과를 보고하는 게 보통의 일과다. 대부분의 업무는 주어진 대로 하면 된다. 자신의 의지대로 할 수 있는 게 많지 않다. 이러한 일상 속에서도 승진에 누락되거나 상사와 잘 맞지 않을 때 우리는 무척 힘들어한다. 그럴 때면 그들은 "다른 부서로 가고 싶다" "전직을 하고 싶다" "직장 때려치우고 사업이나 할까?" 하는 생각을 한다. 그러나 직장인들은 어떤 것도 마음대로 되지 않는다. 다른 부서로 가는 것도, 전직하는 것도 생각처럼 쉽지 않다. 직장을 때려치우고 사업을 하는 것은 더욱 가능성이 희박하다. 여러 리스크 때문이다.

만약 정말 사업을 한다면 어떻게 될까. 직장동료들은 부러운 듯이 말하겠지만 마음속으로는 우려의 시선으로 바라볼 것이다. 가족과 부모님의 반대도 무척 심할 것이다. 게다가 사업이 계획대로 잘 되면 좋겠지만 그렇지 못하면 어떻게 될까. 돈을 빌리러 다니느라 갖은 수

모를 당할 수도 있다. 때로는 사기꾼을 만나 돈을 다 잃을 수도 있고, 사업이 망해 심지어 노숙인이 될 수도 있다. 돈이 떨어지면 가족들은 위기로 내몰릴 수 있다. 와이프는 식당에서 접시를 닦으며 돈을 벌어야 하고, 애들은 부모의 보살핌을 받을 수 없을 것이다. 부모님의 노후도 위험에 처할 것이다. 자식이 퇴직금이나 자산에 손을 댈 게 뻔하다. 최악의 경우 돈 때문에 이혼을 당할 수도 있다. 이러한 일은 우리 주변에서도 종종 볼 수 있는 상황이다. 결코 소설이 아니다.

직장인이 회사 내에서 자신의 사업을 할 수 있다면

사업은 리스크가 크다. 누구나 두려워한다. 성공하면 대박이지만 망하면 쪽박이니까. 하지만 사업을 꼭 해보고 싶다면, 그게 꿈이라면 어떻게 해야 할까?

나는 사업을 하고 싶었다. 리스크 없는 사업을. 하지만 직장인에게 리스크 없는 사업이라는 게 어디 쉬운가. 내가 아는 K는 대기업에서 근무하던 중 자기 사업을 하겠다고 회사를 그만두고 식당을 시작했다. 처음 2년은 그럭저럭 먹고 살 정도의 돈을 벌어서 나름 성공적인 사업가로 주위 사람들에게 부러움을 샀다. 하지만 3년 차가 되는 해에 IMF가 닥쳤고 사업도 곧 위기를 맞게 되었다. 장사가 되지 않아 2년을 더 버티다가 결국 사업을 접었다. 그때부터 막노동, 대리기사, 편의점 아르바이트 등을 하며 생활비를 벌었으나, 생각대로 돈 벌이가 되지 않았다. 결국 생활비를 줄이기 위해 애들은 학원을 중단해야 했고, 와이프는 식당에 취업했다. 남편은 실직자로 자신감을 잃고 집 밖으로 돌며 시간을 보내게 되었다. 자녀들에게 부모의 보살핌은 먼 나라 얘기가 되고 말았다. 부부는 별거 상태로 남처럼 생활하게 되었다.

그로부터 5년이 흘러 K는 정부의 고용지원 프로그램으로 용접 기술을 배워 취업하게 되었고, 다행히도 10여 년의 세월이 지나 부부는 같이 살 수 있게 되었다. 그동안 놓지 않았던 가족의 끈을 다시 이을 수 있게 된 것이다. 단란했던 과거의 생활로 돌아갈 수는 없었지만, 지금은 여느 가정과 같이 행복하기 위해 많은 노력을 하고 있다. 그는 사업을 통해 인생의 값비싼 수업료를 지불한 셈이다. 이런 일이 내 일이 되지 말란 법은 없다. 나는 이런 얘기를 되뇌며 사업은 역시 위험하다고 생각했다. 그 이후 나는 '실패하지 않는 사업, 실패해도 가정이 끝장나지 않는 사업'은 없을까 궁리만 하다가 사업에 대한 생각은 점점 잊혀져 갔다.

하지만 사업에 대한 내 꿈이 완전히 끝난 건 아니었다. 마음속에는 언제든 기회만 생기면 그 꿈을 실행하고 싶다는 끈을 놓지 않고 살고 있었는데 드디어 기회가 왔다. 회사에서 사내벤처 제도가 생긴 것이다.

나는 "이때다!" 싶었고, 평소 해오던 여러 가지 사업 아이템을 모두 끄집어내어 고민하기 시작했다. 그것을 시작으로 나는 회사생활을 하는 동안 에듀테크, 식물공장, 안전관리에 대한 벤처 기획을 진행했다. 그리고 또 하나가 더 있는데 이는 물류 사업으로 2000년부터 2019년까지 매우 열정적으로 진행했던 사내벤처 사업이다.

물류 사업은 내가 회사 내에서 업무를 하는 동안 매번 반복되는 문제 때문에 개발하게 된 아이템이다. 나는 해외수출 담당 업무를 맡고 있었는데 중남미, 대양주, 아프리카 등 원거리지역 수출 시 매달 선박을 잡는 것이 무척 어려웠다. 선박을 잡을 수 없으면 회사는 판매목표를 달성할 수 없게 되고 고객사는 제품을 제때 받지 못하는 일이 매달 반복되었다. 이러한 문제를 해결하는 과정에서 사업화를 구상하였다. 그것이 철강수출 물류사업이었다. 사업의 필요성을 설명하기 위해 근거 자료가 필요했고, 6시그마 과제(미국 GM에서 많이 사용하는 업무 개선 프로그램)를 통해 사내벤처 사업계획서가 만들어졌다. 그리고 긴 시간 동안 업그레이드를 거치며 결국 2019년 사내벤처 경진대회에서 본선까지 올랐으나, 아쉽게 탈락되었다. 이 아이템은 지금도 아쉬움이 많이 남는다.

결과적으로 독립적인 사업 실행을 하지는 못했지만, 무엇보다 열정적으로 사업을 구상했다는 것이 가장 뿌듯한 경험이었다. 누가 시키지도 않았는데 정말 열심히 했다. 개선업무로 시작하였기 때문에 일도 시너지가 났고, 보상도 많이 받았다. 퇴근 후 집에서 아이디어를 짜내며 사업화를 구상하였고 주말에도 도서관에서 사업계획을 만들었다. 가끔 가족들에게도 보여주면서 "사업계획이 어떤지? 실현성은 있는지?"를 물어가며 열심히 즐겁게 준비했다. 꿈을 이루고 있다는 현실감이 가슴 벅차게 했다. 그게 너무 좋았다.

사업화 기획 과정에 어려움이 많았지만 새로운 경험을 통해 사업가의 세계를 알 수 있었다. 사장이 된 나의 모습을 떠올려보며 사회에 뭔가를 기여하고 있구나 하는 뿌듯함 같은 감정도 가질 수 있었다. 내가 사업가로서 다른 사람에게 해줄 수 있는 것들과 내가 주체가 되어 직접 실행할 수 있는 많은 것들을 상상하면서 무척 기뻤다. 정말 이대로 독립해 사업가가 된다면 '적어도 내 삶은 여느 직장인의 것보다 훨씬 좋았구나.'라고 느낄 수 있을 것 같았다. 충분히 간접 경험을 한 셈이다.

꿈을 포기하기 전에 직장 내에서
그 꿈을 어떻게 이룰지 고민하라

사업을 한다고 하면 대부분 반대부터 한다. 하지만 직장 내에서 하는 사업이라면 얘기가 달라질 수 있다. 사내벤처 기업으로 시작해 성공 신화를 써 내려간 기업들이 있다. 이들은 혁신적인 아이디어, 빠른 의사결정을 발판 삼아 업계를 선도하는 기업으로 우뚝 올라섰다. 이들 기업의 사례는 수많은 사내벤처의 목표이자 성장의 원동력으로 통한다.

대표적인 곳이 네이버다. 정보기술(IT)업계의 거대 공룡으로 자리매김한 네이버의 시작은 삼성SDS의 사내벤처였다. 설립 과정도 흥미롭다. 네이버 창업자인 이해진 의장은 1992년 삼성SDS에 입사했다. 그는 재직 당시 지금의 네이버와 같은 '인터넷 서비스' 사업계획서를 제안했다가 회사로부터 퇴짜를 맞았다. 하지만 그는 포기하지 않았다. 사내벤처 제도를 활용해 이를 추진하기로 결정한다. 만약 삼성SDS의 사내벤처 제도가 없었더라면 지금의 네이버 역시 존재하지 않았을 가능성이 높은 셈이다. 이 의장은 1997년 네이버포트라는 사업팀을 꾸렸고 1999년 네이버컴으로 독립했다. 2000년에는 같은 삼성SDS 출신인 김범수 카카오 의장이 만들었던 한게임을 인수·합병(M&A)하며 몸집 불리기에 성공했다. 이후 인터넷 열풍을 타고 가입자가 폭발적으로 증가하면서 '인터넷은 네이버'라는 인식마저 생겼다. 네이버는 현재 대한민국 최고의 인터넷 포털 기업으로 거듭났다. 벤처 DNA를 탑재한 채 다방면으로 사업 영역을 넓히며 여전히 가파른 성장세를 이어 나가고 있다.

국내 중고차 시장에서 인지도가 높은 'SK엔카'도 사내벤처의 성공 사례로 꼽힌다. 1999년 최태원 SK 회장의 비전 프로젝트로 사업안이 제안됐다. 박성철 SK엔카 대표는 당시 SK(주)의 과장이었는데, 고심 끝에 만들어낸 결과물이 바로 SK엔카의 비즈니스 모델이다. 준비 기간을 거쳐 2000년 1월 온라인 중고차 오픈마켓을 통해 본격적으로 중고차 시장에 뛰어들었고 이후 같은 해 12월 SK㈜의 별도 독립법인으로 분사해 SK 계열사로 편입됐다. 국내 중고차 시장은 SK엔카 이전과 이후로 나뉜다는 말이 나올 정도. SK엔카의 등장을 시작으로 중고차 시장에도 변화의 바람이 불기 시작한 것이다. 판매자와 소비자 모두가 투명하게 정보를 공유할 수 있도록 한 SK엔카의 전략에 시장은 즉각 반응했고 중고차 시장을 대표하는 전문기업으로 순식간에 자리매김했다.

앞으로도 정부의 벤처기업 육성정책을 통한 이런 성공 사례들은 계속해서 나올 것으로 예상된다. 특히 사내벤처의 경우 회사와 국가의 탄탄한 지원과 응원을 받으며 사업을 시작할 수 있다. 사업화에 실패해도 회사에 복귀할 수 있다. 확실한 보험 가입 후 사업을 하는 것이다. 조직에 얽매이지 않고 내 회사를 가질 수 있으며, 틀에 박힌 삶이 아닌 내가 주도하는 삶을 가질 수도 있는 것이다. 사업에 성공하면 오너가 되는 꿈을 이루며 큰 부를 얻을 수 있고 정년퇴직 없이 평생 일할 수도 있다. 우리는 30~40년이라는 긴 직장생활을 그냥 주어진 일만 하며 보낼 것인지, 아니면 적극적으로 자신의 사업을 구상해볼 것인지 나름의 계획이 필요하다.

후배들을 만난다면 누구나 한 번쯤 가지는 사업의 꿈을 과감하게 실행해보라고 말한다. 단, 퇴직 없이 자기 사업을 할 수 있고 또 실패하더라도 복귀할 수 있는 '회사 내에서' 도전해보라고 말한다. 성공하면 독립하고, 또 실패하더라도 다른 삶을 시작하는 데 엄청난 동력이 되어주기 때문이다. 보상도 상상할 수 없을 정도로 크고 많다.

직장생활은 내 삶에 있어서 큰 부분을 차지한다. 직장생활을 잘 운영한다는 것은 삶을 잘 운영한다는 것이 된다. 꿈을 포기하기 전에 직장인으로서 그 꿈을 어떻게 꽃 피울 수 있을 것인지를 고민해 봐라. 내 경험으로는 직장을 다니면서도 나의 크고 작은 꿈들은 다 이뤘다. 이건 결코 나만의 이야기가 아니다. 당신의 이야기가 될 수도 있다.

사업은
아무나 준비 없이 하는 게 아니다

―――――

'퇴직 후 뭘 하고 살지?' 퇴직 이후의 삶, 인생 2막은 우리 사회의 중요한 화두가 되었다. 길어진 수명만큼 오래도록 일할 수 있다면 100세까지의 삶은 축복이겠지만 현실은 그렇지 못하다. 평생 직장의 개념이 사라지면서 은퇴 시기는 점점 빨라지고 있다. 베이비붐 세대들이 정년을 맞아 매년 100만여 명이 세상 밖으로 쏟아지고 있다. 퇴직 이후에도 100세까지 살려면 30~40여 년을 쓸 돈이 있어야 한다. 아무리 노후설계를 잘해도 최소 20~30여 년을 버티기에는 돈이 부족하다. 퇴직 후의 삶을 제대로 준비한 사람이 많지 않다는 얘기다. 하루하루 현업에서 열심히 버티며 승진하랴, 자녀 교육시키랴, 부모님 부양하랴, 내 집 마련하랴, 정신없이 시간이 흘러 어느덧 퇴직이 눈앞에 닥친다. 준비되지 않은 퇴직을 맞고서야 '이제 뭘 해야 하지?' 고민을 하게 된다. 그리고 여러 선택지 중 하나를 결정하게 된다.

그 첫 번째가 재취업을 하는 것이다. 지금까지의 경력과 전문성을 살려 일자리를 찾지만 재취업은 하늘의 별 따기만큼 어렵다. 다행히 취업을 한다 해도 오래 버티기가 쉽지 않다. 20~30대 젊은 사람들은 참신하고 순발력도 뛰어나다. 이미 나이가 많이 든 사람들은 설 자리가 변변찮다. 열심히 한다 해도 늘 부족하게 느껴진다. 두 번째 선택은 생계형 창업이다. 그동안 모아둔 돈으로 프랜차이즈나 편의점, 식당을 하는 것이다. 이것이야말로 최악의 선택이 될 가능성이 크다. 자신의 전문성이나 경험을 버리고 자영업에 뛰어드는 것은 밑바닥부터 시작한 프로의 세계에 유치원생이 뛰어드는 것과 다르지 않기 때문이다. 실패할 가능성이 상대적으로 클 수밖에 없다. 퇴직금을 쏟아부은 창업이 실패할 경우 노후 빈곤층으로 전락할 수밖에 없는 것이다. 마지막 세 번째는 아주 소수이지만 여유 있는 노후자금을 바탕으로 취미생활을 즐기는 경우이다. 그들은 퇴직 후 등산이나 골프, 여행 등으로 시간을 보낸다. 그동안 가고 싶던 곳을 가보고, 취미생활도 원 없이 해보지만 사실 그것도 1, 2년 정도 지나면 재미가 없어진다. "노는 것도 지겹고, 인생에 낙이 없어." 하는 경우다.

장사는 아무나 하는 게 아니다

나는 25년여 전 포항에서 직장생활을 하던 중 회사를 그만두고 사업을 시도한 적이 있다. 뭐가 됐든 내 일을 하며 회사로부터 독립하고 싶은 마음이 강하게 들던 시기였다. 그래서 프랜차이즈로 장사를 하겠다고 마음먹고 기존 통닭집 매물을 찾아보았다. 마침 집 근처에 B프랜차이즈사 통닭집이 매물로 나와 있었다. 주인이 사정이 있어 다른 사람에게 양도하려고 내놓은 물건이었다. 나는 "이거다." 싶어 곧바로 계약을 하려고 했다. 아내는 나의 사업 의견에 무척 심하게 반대했다. 그 당시 첫째 아이가 3살, 둘째 아이는 출산을 앞두고 있어서, 아내는 내가 주는 월급을 받으며 집에서 아이를 키우는 평범한 가정주부로 살고 싶어 했다. 하지만 나는 어떻게든 사업을 해보고 싶었다. 당시 포항에 계신 대부님과 이 문제로 상의를 했는데 사업 생각을 단념하라고 야단치셨다. 딴생각하지 말고 직장생활에 전념하라는 것이었다. 하지만 나는 고집을 피우며 일을 저지르고 말았다. 양도계약을 체결하고 계약금을 지불해버린 것이다.

그러나 그 이후 밤잠이 오지를 않았다. 나와 마찬가지로 아내도 나를 설득하는 게 어렵다고 생각했는지 자포자기하고 있었다. 나는 몇 날 며칠을 입술이 부르틀 정도로 고민에 시달렸다. 어느 순간 이 사업을 하면 안 되겠다는 생각이 들며 덜컹 겁이 났다. 그리고 내가 한 행동이 후회되었다. 일단 준비가 되어 있지 않다는 사실을 깨달았다. 무엇보다 왜 이 사업을 하려는 것인지, 스스로 분명한 목적의식이 정리되어 있지 않았다. 단순히 돈 때문인가? 나의 꿈과 이상을 실현하기 위해서인가? 어떤 것도 분명하지 않았다. 그리고 사업을 시작하면 아내와 아이는 어떻게 할 것인지도 정리되지 않은 상태였다. 만약 사업이 생각대로 되지 않으면 가정생활은 어떻게 되는 건가. 이 부분도 깊이 생각하지 않았다. 내가 노동집약형 사업인 통닭집을 운영할 수 있을지도 갑자기 자신이 없어졌다. 통닭은 누가 튀기고 배달원을 구할 수 없게 되면 배달은 또 누가 하나, 걱정되었다. 한 마디로 구체적으로 실행은 생각하지 않고 막연히 어떻게 되겠지 하는 마음으로 일을 저질러버린 것이다.

고민과 고민을 거듭한 끝에 나는 프랜차이즈 사업을 포기했다. 기존 사업자에게 도저히 자신이 없어서 못하겠다고 양해를 구하고 계약금은 배상하고 계약을 포기했다. 지금 생각해봐도 그 당시 나는 정말로 무모한 생각을 하였고 말도 안 되는 똥고집을 피웠다. 만약 포기하지 않고 사업을 계속했더라면 어떻게 되었을까. 아마도 나의 삶은 지금과 많이 달라졌을 것이다. 아내와 애들은 말 못 할 정도의 고생을 했을 것이며 지금도 포항에서 닭을 튀기고 있을지 모를 일이다. 오토바이를 타고 손수 배달까지 해가면서 말이다. 그렇지 않으면 쫄딱 망해서 무언가 또 다른 사업을 하고 있을지도 모를 일이다. 세상 밖 일을 너무나 모른 채 철없는 어린아이 같은 생각을 했다. 하지만 실행 전에 포기함으로써 나는 올바른 선택을 했다고 생각한다. 지금 생각해도 매우 아찔한 일이다. 게다가 이 일로 나는 내가 '창업을 할 수 있는 사람인가'에 대해서도 깊이 고민하는 계기가 되었다.

나는 창업에 적합한 사람일까

흔히 창업의 3대 요소로 아이템, 돈, 사람을 꼽는다. 이 중에서 가장 중요한 것이 사람이다. 여기서 사람이란 사업을 하는 주체다. 그래서 그 주체가 될 '나 자신'에 대한 파악이 무엇보다 필요하다. 창업은 처음부터 끝날 때까지 스스로 결정하고 만들어가야 하는 일이기 때문이다. 자기 자신이 오로지 주체가 되어야 하는 일이기에 자신에 대한 냉정한 분석이 필요하다. 창업에 필요한 소양을 갖추지도 않은 채 사업에 뛰어든다면 결과는 보나 마나 백전백패일 수밖에 없다. 따라서 내가 창업형 인간인지, 회사형 인간인지, 무엇을 할 때 즐거운지 진지하게 생각해보는 것은 새로운 일을 시작할 때 반드시 선행되어야 하는 일이다.

그렇다면 스타트업 창업은 어떤 사람이 적합할까. 아마도 기업가 정신을 가진 사람, 즉 '위험과 불확실성을 무릅쓰고 이윤을 추구하며 모험적이고 창의적인 사람'이지 않을까. 문제 해결의 의지를 바탕으로 도전, 혁신, 창조를 일으키는 원동력을 가진 사람이 바로 기업가 정신을 갖춘 사람이라 할 수 있을 것이다.

그렇다면 창업에 무턱대고 뛰어들기 전에, 내가 창업가로서의 자질과 소양을 어느 정도 갖추었는지 자가 진단을 해볼 필요가 있다. 내 개인의 자질은 어느 정도인가? 회사를 직접 경영한다면 어떤 마음가짐으로 할 것인가? 경험은 어느 정도 있는가? 실행력이 있는가? 사업을 하는 데 있어 혁신적이고 창조적인 생각을 가졌는가? 이런 부분에 "그렇다."라고 대답할 수 있다면 창업에 뛰어들어도 좋다. 하지만 아직 부족한 부분이 있다고 여겨진다면 결핍된 부분을 채울 때까지 적절한 시기를 기다리며 준비해야 실패의 리스크를 줄일 수 있다.

또한 어려움을 견뎌내겠다는 정신 자세도 기본 중 기본이다. 만약 이런 마인드가 없다면 창업의 꿈은 접는 것이 바람직하다. 스타트업은 도처에 도사리고 있는 지뢰밭을 매일 넘어가야 하는 과정이기 때문이다. 창업에 앞서 나 자신의 자세와 의지를 반드시 점검해 보기를 바란다. 덜컥 계약부터 해 놓고 밤새 머리를 싸매고 고민하는 일은 한 번만으로 족하다.

철강 가공수출 물류 사업에
20년간 몰입하다

───────

해야 할까? 말아야 할까? 새로운 일을 시작해야 하는데 고민이
된다면, 나에게 질문을 던져보자. 그러면 선택이 아주 쉬워진다. 만
약 어떤 선택도 하지 않고, 먼 훗날 '그때 했었더라면!'이라는 생각이
든다면 잘못된 선택이다. 물론 선택했는데 그 길이 아닐 수도 있다.
하지만 선택했기 때문에 미련은 남지 않는다. 잘못된 선택이면 그동
안 쏟은 시간과 에너지가 아깝긴 하다. 그런데 선택하지 않았다면
후회와 미련이 남는다. 미련은 남기지 않는 것이 좋다. 일단 선택하
면 하나의 길에 집중하고 그것에 몰입해야 한다. 나는 적어도 직장
생활에서 많은 시간을 그렇게 했다. 선택도 후회도 내가 하는 거라
는 생각으로 말이다.

나는 회사에서 2000년 초부터 수출영업을 시작했다. 나는 다른
부서에서 전입해온 팀원 중에서 저근속 직원이었다. 그래서 원거리
지역을 담당하게 되었다. 관례적으로 수출에서 많은 물량을 판매하

는 일본, 중국, 동남아 지역은 주요 관리 지역으로 고참 직원이 담당했다. 당시 나는 영업을 처음 해보는 때라 부서 내에서나 파트너로 일하는 종합상사 직원들에게 미숙한 업무로 휘둘리는 처지였다. 지금이나 그때나 영업직원들은 불황일 때 실적에 조인다. 계획된 가격 이상으로 판매를 해서 선박에 제품을 싣고 출발해야 실적으로 잡힌다. 이런 판매 구조에는 항상 문제가 발생한다. 가격을 맞출 수 없어 계약을 못하든지, 가격에 맞춰 계약은 했는데 선박을 잡지 못하든지, 선박이 날짜에 맞춰 들어오지 못하든지, 선박은 부두에 접안했는데 비가 와서 작업을 못하는 이런 문제가 반복해서 발생한다. 그냥 순탄하게 지나가는 경우는 별로 없다. 따라서 본인의 판매 실적을 달성하지 못하면 적당한 핑곗거리를 만들어 그냥 "배 째!"라는 식으로 나가는 수밖에 없다. 대부분의 직원들은 '계약이 안 되는 게 내 잘못인가', '선박이 택시도 아닌데 제때 안 오는 게 내 잘못인가'라며 넘어간다. 하지만 나는 그러지 못했다. 나는 목표를 달성하기 위해 어떻게든 문제가 있으면 해결 방법을 찾으려 했다. 그래도 잘 해결되지 않은 경우가 많았다. 그럴 때면 무척 괴로웠고, 그 스트레스를 못 이겨 술로 푸는 날이 많았다. 지금 생각해보면 누가 시켜서 한 것도 아닌데 내 사업같이 영업했다. 누군가는 그런 나를 미련하다고 말하기도 했다.

현장에서 얻은 통찰로 첫 번째 사업에 뛰어들다

내가 처음 수출업무를 할 때만 해도 국내에서는 철강 공급이 부족해서 포스코가 수출에 적극적이지 않을 때였다. 하지만 가끔 불황이 찾아오면 비상이 걸렸다. 내가 일한 부서는 판매부문에서 별동대조직으로 판매의 해결사 역할을 했다. 국내 판매와 해외 주요 지역에서 판매가 안 될 경우 최종적으로 땡처리하듯 수단과 방법을 가리지 않고 판매를 해야 하는 부서다. 그렇다고 가격을 무시하고 판매해도 되는 것은 아니다. 계획가격도 맞추며 판매수량도 확보해야 한다. 제품가격으로 계획가격을 맞추지 못하면 운송비와 상사 마진으로 조정하는 수밖에 없다. 원거리 지역 수출에서는 벌크선박(주로 대형선박으로 선박 내에 제품을 그대로 싣고 묶어서 운송하는 형태)으로 실어 날랐는데. 운송단가가 높았다. 판매비에서 운송비가 차지하는 비중이 약 10~15%로 컸다. 그래서 판매가를 맞출 수 있는지 여부는 운송비를 어떻게 낮출 수 있는지에 달렸다. 이런 문제를 해결하는 수단으로는 다양한 방법이 있다. 어떤 선박을 잡는지, 물량을 얼마나 많이 모을 수 있는지, 어떤 경로를 선택할 건지에 따라 운송비는 큰 차이가 난다.

나는 선박에 실을 물량을 얼마나 많이 모을 수 있는가에 주안점을 두고 업무개선 아이디어를 냈다. 처음에는 내가 판매한 제품이 매달 나간 경우, 이를 모아서 두 달에 한 번만 운송하도록 하였고, 다음으로는 타 부서 계약담당자와 정보를 공유하여 같은 지역으로 판매하는 물량은 모아서 하나의 선박에 싣게 했다. 지금까지는 같은 지역으로 나가는 물량도 다른 선박을 이용한 경우가 많았다. 또한 선박회사 직원과도 수시로 협의하여 어느 시기에 어떤 규모의 물량이 확보되어 있으니 미리 선박을 잡을 수 있도록 정보를 주었다. 보통 이런 일은 포워딩(화물 주인과 선박회사 사이에서 물량을 모으고 선박을 잡는 역할을 하는 회사)이 하는 일이다. 당시 회사 내 판매 담당자가 이런 일을 하는 경우는 없었다. 머리가 아픈 일로 주로 종합상사 직원들이 하는 역할이었다. 그들도 본인 회사 입장에서 하는 업무이기 때문에 물량 통합이나 선박을 잡는 것까지는 할 수 없었다. 내가 처음 이런 일을 할 때만 해도 종합상사 직원들과 선박회사 담당은 나를 이상한 사람으로 지켜보았다. 포스코 내에서 누구도 하지 않았기 때문이다.

어느 정도 시간이 지난 후 나의 이런 노력으로 운송 단가를 낮출 수 있었고 원활한 운송이 되면서 나를 보는 시각이 바뀌기 시작했다. 오히려 종합상사나 선박회사 직원들은 나만 지켜보게 되었다. 이런 식으로 선박회사와 직접 대화 채널을 만들 수 있었다. 물론 운송 관리와 운임은 종합상사를 통해서 집행되었다. 일종의 포워딩 업무를 하게 된 것이다. 이를 계기로 사업화에 대한 아이디어가 생겼다.

물류에 대해서 조금씩 이해하기 시작한 2002년 회사 내에서 사내벤처 제도가 생겼다. 사업 기회가 찾아온 것이다. 나는 쾌재를 불

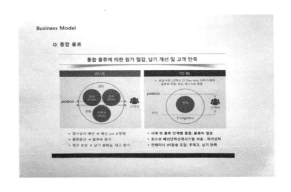

러다. 어설프지만 현재 하고 있는 일에서 얻은 통찰을 잘 정리하면
사업 아이디어가 될 것 같았다. 사내외 운송 관련 사람들과 상의해
보니 사업성이 충분하고 많은 돈을 벌 수 있다고 했다. 사업계획서
를 만들어서 응모했다. 그런데 어려운 문제가 발생했다. 응모 조건에
사업과 관련된 모든 부서장과 담당 임원에게 추천서를 받아오라는

것이다. 다행히 판매부서에서는 아무런 문제 없이 받을 수 있었으나 운송 부서에서는 써주지 않았다. 운송 부서의 실무 담당자들은 해볼 만한 아이디어라고 했지만 운송 담당 임원은 안 된다는 것이다. 만나서 직접 설명을 하겠다고 여러 차례 뵙기를 청했다. 그러나 만나주지도 않았다. 자신의 업무 영역이라 넘보지 말라는 식이었다. 끝내 만나주지 않았고 결국 나는 추천서를 받지 못한 채 사업 심사를 받을 수밖에 없었다. 당연히 탈락했다. 아직 준비가 부족하다는 것이 이유였다.

그 이후에도 2년에 걸쳐 업그레이드된 사업계획서로 응모했으나 번번이 실패했다. 하지만 네 번째 응모에서 드디어 기회가 찾아왔다. 반대하던 임원이 다른 부서로 가고 새로운 임원이 운송업무를 담당하게 된 것이다. 이번 응모는 될 것 같은 분위기였다. 아니나 다를까 정말 승인되었다. 사업화를 준비한 지 5년 만에 이룬 성과였다. 들뜬 심정으로 사업화를 준비하고 있을 때였다. 사내벤처 업무를 담당하는 임원이 보자고 하였다. 대뜸 하시는 말씀이 "당신 사업 못 하겠다."라는 것이다. 청천벽력 같은 얘기였다. 5년이나 준비한 사업이었는데, 회사에서 사내벤처 제도를 없애기로 했다는 이유로 받아들일 수가 없다는 것이었다. 한 번만 기회를 달라고 했더니 단호히 안 된다고 했다. 최고경영층에서 결정한 사항이라는 것이었다. 나중에 알게 된 사실인데 선배 사내벤처 대표가 직원들에게 사기 묘지 분양을 해서 큰 문제가 되고 있었다. 이 문제로 회사에서 사내벤처 제도를 없애기로 했다는 것이다. 안타깝게도 눈물을 머금고 사업화를 포기해야만 했다.

두 번째 사업화 기회를 얻다

나는 2009년 2월 일본 주재원으로 나가게 되었다. 당시에는 리먼 사태 이후로 제품판매뿐만 아니라 모든 경제시스템이 망가진 시기였다. 해외 판매처 중 가장 안정적인 일본 시장도 예외는 아니었다. 부임하자마자 본사에서 주문서를 보내라고 독촉 전화를 매일 받았다. 고객사를 방문해서 부탁해보았지만, 그럴 때면 그들은 내게 재고로 가득 찬 창고를 보여주며 자기들도 죽게 생겼다고 하소연을 했다. 정말로 너나 할 것 없이 모두가 암담한 시간들이었다. 하지만 여기서 나의 진면목을 보여줄 수 있는 기회가 왔다. 본사에서 원거리 지역을 담당하며 판매하던 실력과 물류사업화에 대한 아이디어가 더해져서 많은 판매 실적을 냈다.

동료 직원이 자기 판매목표량을 채우지 못할 때는 내가 대신 부족분을 메워주기도 했다. 나의 이러한 행동에 동료들 중 일부는 부러워하기도 했지만 시기와 질투의 눈으로 보는 사람도 있었다. 남들이 목표량을 못 채울 때는 나도 적당히 못 채우고, 힘들 때는 나도 똑같이 힘들며 사는 것이 직장인으로서 가장 좋은 처세술인지도 모르겠다. 하지만 난 그렇지 못했다. 사업을 하겠다는 생각으로 일을 했기 때문이다. 이젠 그런 생각을 접었지만 당시에는 오너의 마음으로 팔았다.

일본의 물류비는 한국보다 2배 정도 비싸다. 이런 이유로 선박을 운행하지 못하는 지역이 많았다. 한국에서 철강제품을 매달 보낼 수 있는 지역은 후쿠오카, 오사카, 나고야, 도쿄 정도밖에 없었다. 2~3개월 치를 모아서 한꺼번에 보내도 될 지역은 히로시마, 센다이 정도였고 나머지 지역은 선박을 보낼 수 없었다. 선박이 들어가는 지역에서 육로로 운송해야 하는 그런 구조였으며, 비싼 운송비로 판매가격에 맞출 수 없어 결국 계약을 할 수 없는 그런 구조였다. 나는 여기서도 원거리 지역에서 하던 패턴으로 물류비를 낮춰보기로 했다. 물량을 모으고, 선박운행 주기를 조정해서 그동안 운송이 불가능한 지역으로 선박을 보낼 방법을 찾았다. 물론 회사에서 계획한 제품 가격을 맞춰서 판매를 하는 것이 전제조건이다.

나는 여기에 만족하지 않았다. 철강제품은 고객사가 구매 후 반드시 어떤 형태로든 1~2차례 가공을 해서 사용한다. 그런데 가공비도 일본이 한국보다 2배 정도 비싸다. 운송비도 비싸고 가공비도 비싸니 이 문제를 해결하면 한국에서 더 많은 제품을 구매할 수 있겠구나 하는 생각이 들었다. 고객사를 방문하여 이런 이야기를 했는데, 처음에는 반응이 없었다. 새로운 것을 싫어하고 안전을 추구하는 일본의 특성 때문이었다. 새로운 것을 시도했다가 문제가 발생하면 구매 담당이 모든 책임을 져야 한다. 그러니 기존 방식을 고수할 수밖에 없다. 하지만 나는 포기하지 않았고 친한 고객사, 현지 상사, 현지 물류회사와 계속해서 협의 시간을 가졌다. 한국에서 가공 후 일본으로 가져오는 프로세스를 시도해본 것이다. 충분히 가능성이 있어 보였다.

당시 포스코재팬 사장님에게 이 이야기를 했더니 정말 좋은 아이디어라고 하시며 적극적으로 추진해보라는 것이었다. 나는 마음속으로 '다시 사업화 기회가 왔구나.'라고 쾌재를 불렀다. 물론 사업화 이전에 본 프로젝트를 성공시켜야만 했다.

그렇게 본 프로젝트는 포스코재팬의 중점 업무가 되었으며, 본사 마케팅부문 전략과제로 채택되기도 했다. 본사 차원에서 관리되는 업무로 격상되어 몇 차례의 테스트를 실시했다. 하지만 얼마 지나지 않아 임원 인사이동이 있었고, 나도 본사로 돌아갈 시점이 다가왔다. 남을지 돌아갈지 고민을 하다가 포스코재팬 사장님에게 내가 일본에서 본 프로젝트를 완성시켜보고 싶다고 말씀드렸다. 그런 다음 물류회사를 설립하여 포스코재팬 산하에 둘 수 있게 해주도록 부탁드렸다. 하지만 사장님께서는 그럴 수 없다고 했다. 차라리 본 프로젝트는 서울본사에 들어가서 완성하고 사업화도 추진해보는 게 좋겠다고 했다. 나는 하는 수 없이 본사로 복귀했다. 본 프로젝트를 위해 본사에서 이미 확보해둔 26억원 예산으로 이 일을 추진했다. 그러나 담당임원이 바뀌며 이 프로젝트에 대한 관심도가 낮아지고 추진 동력도 서서히 사라지고 말았다. 그렇게 업무개선은 물론이거니와 사업화 계획도 단념하게 되었다.

세 번째 또 다시 사내 벤처사업 기회가 찾아왔다

'국내에서 가공 후 수출 플랫폼'으로 또 한 번 사업화 기회가 왔다. 나는 퇴직 후를 생각하여 안전관련 박사학위를 취득한 후, 그 경험을 쌓기 위해 2019년 1월부터 포항 안전부문에서 근무하게 되었다. 그런데 그해 사내벤처 제도가 다시 한번 부활한 것이다. 나는 마지막 기회라고 생각하여 2개의 아이디어를 제출하였다. 하나는 지금까지 추진하던 철강제품 가공 수출 물류였고, 다른 하나는 안전관련 아이디어였다. 참 아이러니하게도 물류가 선정되고 현업인 안전 아이디어는 떨어졌다. 이번에는 과거의 사내벤처와는 달리 순전히 사업 비즈니스 모델만 보고 선정한다는 것이었다. 여러 아이디어를 짜내고 고심해서 함께 지원할 사람을 찾았다. 물류부서에서 20여 년 근무하다가 지금은 판매부서에서 근무하는 베테랑 직원인 오 총괄님께 제안했다. 그는 한때 같은 부서에서 근무한 적이 있어 서로 잘 알고 지내는 사이다. 함께하고 싶다고 흔쾌히 승낙해 주었다. 정말이지 천군만마를 얻은 기분이었다. 나의 판매 경험과 오 총괄님의 물류 경험이 합쳐지면 뭐든 될 것 같다는 생각이 들었다.

우선 쉽고 알차게 사업계획서를 만들었다. 그런 다음 전문가의 도움을 받아 프리젠테이션 할 자료의 디자인을 멋지게 꾸몄다. 다행히 우리의 사업계획은 본선에 진출하여 2박3일간 합숙을 하며 사업화 계획을 구체화하고, 사업을 제안한 대표들과 함께 벤처캐피탈 심사역들 앞에서 심사와 코칭을 받았다. 몇 차례 반복한 후 최종적으

로 완성된 사업계획을 제출했다. 이 기간 동안 벤처 사업계획은 물론 벤처 생태계에 대해 많이 이해할 수 있었다. 이 세계는 내가 알고 있던 그런 세계가 아니었다. 하이리스크, 하이리턴이 가능한 세계였다. 그리고 많은 것을 걸고 도전해야 한다는 것도 알 수 있었다. 비즈니스 모델이 좋으면 정부나 민간에서 막대한 자금을 지원받을 수도 있었다. 사업계획이 완성된 후에는 주요 부서장, 담당임원과 벤처캐피탈 심사역 앞에서 최종적인 심사를 받았다. 본선에는 나를 포함하여 7팀이 나갔다. 5팀을 선발했는데 우리 팀은 탈락했다. 이상하게도 마케팅부문에서 올라간 2개 팀만 떨어졌다. 주로 기술연구소 부문에서 박사학위를 가진 분들이 채택되었다. 표현하지는 않았지만 실망하지 않을 수 없었다. 20여 년을 이어온 계획이었는데 이렇게 끝나다니 절망감이 느껴졌다. 후유증이 6개월은 간 듯하다.

돌이켜보면 나는 20년이란 세월 동안 회사 안에서 '사업'을 위한 수많은 도전을 했다. 여러 번 실패의 경험을 하면서도 결코 포기하지 않고 준비하고 몰입하여 열정적으로 뛰었다. 아주 가끔 그 시간에 좀 더 편하고 여유롭게 생활했다면 어땠을까 하는 생각을 해보기도 한다. 하지만 그랬다면 늘 마음 한구석에 후회와 미련이 남았을지 모른다. 도전이라는 건 늘 그런 법이니까. 비록 내가 도전한 것들이 사업화로 성공하지는 못했지만 후회는 없다. 원 없이 해보았기 때문에 후회도 없는 것이다.

그래서 나는 지금도 후배들을 만나면 "꽂히는 곳이 생기면 몰입해보라."라고 조언한다. 내가 열심히 한 것이 모두 다 현실로 이루어진다면 좋겠지만 그럴 수는 없다. 그러나 반드시 준비하는 과정에서 얻은 것들은 고스란히 피와 살이 되어 나의 미래에 도움을 준다. 결과적으로는 실패의 경험이 되었지만, 사업화에 몰입하는 이 과정은 30년 직장생활 중 20년이라는 시간의 의미 있는 역사가 되었다. 그저 월급을 받으며 승진에 목숨을 거는 것도 중요하겠지만, 나에게 사업화를 위해 도전한 이 시간들은 무엇보다 큰 삶의 가치가 되어주었다. 또한 몰입이 주는 효과는 생각보다 어마어마하다. 자신이 이루어내고 싶은 한 가지에 오롯이 몰입할 때 엄청난 에너지가 발생한다. 그리고 그 에너지는 우리가 다음 발을 내디딜 때 커다란 성장 동력이 되어준다. 이런 경험을 해본 사람과 아닌 사람이 어떻게 같을 수 있겠는가.

모든 실패는
직장 내에서 경험해라

───────

나의 직장생활을 돌이켜보면 누가 시키지도 않은 짓을 참 많이도 했다. 특히 업무 개선에 대해 회사에 많은 제안을 했다. 2000년대 초반 원거리지역 향으로 수출업무를 하면서 물류의 불편한 점을 발굴하여 사내에 개선 아이디어를 냈고, 그 이후 사내벤처 제도가 시작되어 사업화를 제안했다. 하지만 채택되지 않았다. 개인에게 사업 기회를 주기에는 너무 큰 혜택이라며 사내 업무프로세스로 풀어야 한다는 의견이었다. 하지만 나는 여기에서 그치지 않았다. 그 이후에도 일본주재원 시절에는 식물공장 아이디어를 제안했다. 역시 시장 여건상 아직 한국에 도입하기에는 시기상조라는 의견으로 채택해주지 않았다. 그리고 안전업무를 하는 중에는 중소영세기업의 안전을 도와주겠다며 사회적기업을 설립하자는 아이디어를 냈지만 수익성 모델이 약하다며 채택하지 않았다. 2019년에는 철강제품을 국내에서 가공하여 수출하면 생산성이 좋아지고 물류 측면에서 비용을 줄일 수 있다는 비즈니스 모델로 아이디어를 제안했다. 좋은 평가를 받아 본선까지 진출하였으나 최종적으로 채택되지 못했다. 사내 업무프로세스로 풀어야 한다는 이유였다. 그 이후 포스코는 물류회사를 직접 만들겠다며 많은 인원을 뽑아 놓고 사업진출을 시도하고 있으나 이해 관계자들과 정부의 반대로 이러지도 저러지도 못 하는 상태이다. 내게 기회를 주었으면 좋으련만. 미련이 많이 남는다.

나는 지금까지 여러 부서에서 다양한 업무를 하면서 많은 개선 아이디어로 사내벤처를 지원했다. 혹자는 이런 나에게 나가서 내 사업 차리려고 하는 꿍꿍이로 저런다고 오해하기도 했지만, 지금 돌이켜보면 나에겐 그 도전 자체가 큰 의미였다. 특히 나는 사내벤처 아이디어를 구상하면서 수많은 날을 이렇게 고민했다. '어떤 일들이 세상을 바꿀 수 있을까.' 그런 바탕 위에 구상한 각종 아이디어들은 아직도 내 수첩 속에 고스란히 간직되어 있다. 지금 다시 펼쳐보아도 지난 시절의 제안 아이디어는 대견스럽기까지 하다. 비록 실현되지는 못했지만 충분히 가치 있는 제안이었다고 생각한다. 아마 이런 습성과 도전정신이 개인적인 생활습관이나 회사에서 업무처리를 할 때 많은 영향을 끼쳤을 것이다. 비록 직장 내에서 스타트업을 창업하지는 못했지만 20여 년에 걸쳐 추진해온 사내벤처 기획은 내겐 도전이었고 항상 모든 것을 다른 관점에서 바라보고 사업화하고자 하는 사람으로 나를 바꾸는 계기가 되어주었다.

성공도 실패도 빠른 실행력이 필요하다

그때 내가 기획했던 것을 혼자 독립해서 실행했다면 어땠을까 생각해볼 때도 있다. 물론 그 시간들은 모두 지나갔지만, 은퇴 후 새로운 사업을 기획하고 있는 지금 그때의 실패와 도전의 경험이 많은 자양분이 되어주고 있다. 그리고 무엇보다 인생도 창업도 타이밍이 참 중요하다는 생각이 든다. 어떤 순간, 어떤 상황에서는 반드시 해야 할 일을 선택하고 집중해야 좋은 결과를 기대할 수 있다. 사업 아이템에서 발을 빼거나 전환해야 할 결정적인 타이밍을 놓치면 결과는 되돌릴 수가 없다. 그래서 스타트업에서 타이밍은 생존과도 직결된다.

무엇보다 스타트업은 아이디어에 시제품을 만들어서 빠르게 시장에 내놓고 그 반응을 본 후 제품을 혁신하는 경영전략이 필요하다. 조직이 날렵하게 움직이면서 빠르게 실험하고, 실패하면 다시 실험하고, 그렇게 배우면서 성공의 길로 가야 한다. 또한 스타트업에서는 반드시 제품이 시장에 적합한지 맞춰 보고 반응이 시원치 않으면 새로운 고객과 더 높은 수익성을 얻기 위해 서비스, 제품 혹은 사업모델을 다른 방향으로 전환해야 한다. 초창기에 세웠던 사업 아이템이 가능성이 없다는 판단이 들면 과감하게 다른 아이템이나 비즈니스 모델로 바꾸어야 하는 것이다. 이러한 작업이 늦어지면 대기업이나 중견기업을 절대 이길 수가 없다. 생존 자체가 힘들다는 얘기다. 따라서 스타트업의 가장 큰 장점은 기존 기업들이 따라올 수 없는 빠른 의사결정과 추진력이다. 몸집이 가볍기 때문에 빨리 실행하고 과감히 도전할 수 있으며, 방향전환도 쉽다. 대기업은 절대 가질 수 없는 '빠른 실행력'이야말로 스타트업이 혁신을 만들어낼 수 있는 원동력이라 할 수 있다.

동시에 스타트업에는 실패라는 단어가 붙어 다닐 수밖에 없다. 빠르게 실행하다 보니 시행착오의 위험도, 실패의 확률도 대기업보다 많이 생길 수밖에 없다. 어쩌면 스타트업이란 실패의 미학을 거쳐 열매를 맺는 과정이 아닐까. 다행히도 대기업에 비해 몸집이 작기 때문에 실패에 대한 부담이 훨씬 적다. 일단 해볼 수 있는 것은 작게나마 빨리 시작해보고, 가능하면 빨리 실패를 경험해야 한다. 그래야 더 빨리 깨닫고 더 빨리 성공에 다다를 수 있다.

매일매일 도전하고 실패를 경험하면서 한 걸음 한 걸음 나아가는 것. 그것이 스타트업의 본질이고 숙명이 아닐까. 아마존의 CEO인 제프 베조스는 "성공한 기업이란 새로운 것을 시도할 수 있는 자본과 인재가 있고, 파괴적인 혁신을 이끌어 갈 수 있는 용기가 있어, 실패에서 배우고 생존할 수 있는 것을 증명해내는 기업이다."라고 했다. 결국 실패를 통해 성공이 얻어진다는 것이다. 모든 것들에는 항상 실패의 위험이 도사릴 수밖에 없다. 실패 경험이야말로 성공을 위한 지름길임을 잊어서는 안 된다. 그리고 내 경험으로 볼 때 이 실패의 경험은 은퇴 전, 직장에서 최대한 해보는 것이 인생의 리스크를 줄이는 노련한 방법이다.

실패할 준비가 된 순간, 혁신이 시작된다

중소벤처기업연구원이 공개한 국내 스타트업의 1년 후 생존율은 22%이다. 1년 뒤 생존에 성공한 스타트업이 5곳 중 1곳에 불과하다는 이야기다. 수치가 말해주듯 국내에서 스타트업 창업가로서 성공하기는 '하늘의 별 따기'에 가깝다. 하지만 수많은 실패를 겪고 오뚝이처럼 다시 일어선 7전 8기형 창업가들 숫자도 적잖다.

'토스'의 창업자 이승건 비바리퍼블리카 대표가 전형적인 '7전 8기'형 경영자이다. 2011년 이 대표가 비바리퍼블리카를 창업하고 내놓은 8번의 아이템은 모두 실패로 돌아갔다. 아이템을 찾던 그에게 마침 복잡한 인터넷 쇼핑몰의 결제창이 눈에 들어왔다. '복잡한 결제 문제'를 해결하면 성공할 수 있겠다는 생각이 들었다. 연구를 거듭한 끝에 송금 서비스 '토스'를 내놨다. 그는 송금·결제 서비스에서 센세이션을 일으키며 인터넷 은행·증권까지 영역을 확장하며 성공 가도를 달리고 있다. 8번 실패 후 얻은 깨달음의 결과였다.

동영상 채팅 앱 '아자르'의 안상일 하이퍼커넥트 대표도 창업 경험만 열한 번에 달한다. 2007년부터 사업 전선에 뛰어든 그는 열 번의 쓰라린 실패를 겪었다. 계속된 실패해도 포기하지 않고 마침내

'아자르' 서비스를 개발해 세상에 내놨고 2021년 초 매치그룹에 약 2조 원에 매각되는 잭팟을 터뜨렸다.

이렇듯 수많은 실패 후 창업을 경험한 기업들의 장점은 2가지로 요약된다. '판단력' 그리고 '인적네트워크'다. 성공 혹은 실패를 겪으면서 언제 어떤 판단을 내려야 할지 '감'을 확실히 잡을 수 있고, 극심한 감정 기복과 스트레스에 버티는 힘이 생기게 된다고 한다. 그리고 인적 네트워크가 만들어져 이를 기반으로 투자 유치와 인력 채용 등 당면 과제를 손쉽게 해결할 수 있다고 한다.

나는 직장인들에게 직장 내에서 벤처에 도전하고 새로운 아이디어를 제안하는, 이른바 '미리' 해보는 사업에 과감하게 뛰어들라고 강조하고 싶다. 이는 앞에서도 말했지만, 직장인의 입장에서는 어디에서도 배울 수 없고 경험할 수 없는 소중한 자산이 된다. 막상 직장을 그만두고 나가면 무엇이든 해볼 수 있을 것 같지만 한 번에 바로 성공을 이루기는 쉽지 않다. 시행착오의 과정이 반드시 필요하며, 어느 기업이나 이러한 실패의 과정이 큰 성공의 바탕이 되어준다. 그러나 나는 그 성공의 바탕을 군이 사회에 나와서 실전에서가 아니라 사내에서 주어진 기회로 충분히 경험해보라고 말하는 것이다.

회사 또한 늘 혁신을 추구하고 새로운 가능성을 가진 사업 아이템을 끝없이 찾는다. 그러기 위해 새 인재를 발굴하고 새로운 아이템을 기획한다. 그러한 도구로 사내벤처의 활성화는 매우 좋은 도구임에 확실하다. 혁신을 부르짖으면서 정작 실패할 두려움, 책임질 것에 대한 두려움 때문에 한 발도 못 나가는 기존 조직을 너무 많이 목격한다. 정작 엉뚱한 제품과 서비스를 잔뜩 만들어놓고, 실적이 부진하면 그때 가서 혁신이 필요하다고 외친다. 그래서 혁신 피로도가 생기는 거다.

버클리 하스(Haas)경영대학원의 석좌교수인 헨리 체스부로(Henry Chesbrough) 교수가 남긴 유명한 어록 중 이런 이야기가 있다. "모든 혁신은 실패합니다. 그리고 혁신하지 않는 기업은 죽습니다." 역설적으로 들리는 이 유명한 말은 '혁신'에 대한 두려움 때문에 혁신을 시도조차 않는 기업은 결국 새로운 강자의 출현에 의해 죽을 수밖에 없기 때문에 실패를 두려워하지 말고 끊임없이 시도하라는 메시지이다. 직장인도 기업도 실패의 두려움을 벗고 도전하는 것이 결국 서로 윈-윈하는 길이다. 그리고 이 실패는 직장 내에서 하는 것이 가장 좋다.

Chapter 05
직장인에게 맞는
창업 방법은 따로 있다

———

　직장인에게 직장에 있을 때 창업 준비를 하라는 말은 여러 번 강조해도 부족하지 않다. 철저한 준비를 한다 해도 창업에 성공할 확률은 높지 않기 때문이다. 따라서 사업이 꾸준히 수익을 내면서 궤도에 오른 것을 확인했을 때 직장을 그만둘지 말지 결정해도 늦지 않다. 만약 사업에 실패하더라도 다니던 직장을 계속 다니면 된다. 직장에 다니면서 사업을 시작하는 것에 대한 큰 장점은 안정성이다. 사업에서 수익이 나지 않더라도 월급을 통해 생활비를 충당할 수 있기 때문이다. 퇴사 후 창업을 하게 되면 배수의 진을 쳐야 한다. 불안감, 조급증과 여러 걱정 때문에 차분하게 집중하여 하나씩 쌓아나가기가 힘들다. 사고의 유연성과 여유를 잃게 되어 가진 장점마저도 퇴색되기 마련이다. 따라서 사업과 관련한 경험은 최대한 직장 내에서 하는 것이 좋다.

포스코 창업인큐베이팅 스쿨
포스코도 사내벤처 제도를 도입해서 운영하고 있다.
회사 입장에서 임직원들을 하나의 사업 주제로 생각하여
일할 수 있는 기회를 주는 것이다.

직장 내에서 창업하는 방법에는 두 가지가 있다. 하나는 직장 내
제도를 이용하는 것이고, 또 다른 하나는 자신의 업무 전문성을 키
워 혼자서 만드는 것이다.

최근 기업들은 직원들을 위한 다양한 제도를 도입하고 있다. 앞
에서도 여러 번 말했지만 그중 하나가 '사내벤처 제도'다. "요즘은
주로 사내 스타트업이라는 표현을 쓴다. 2000년대 벤처 붐이 일었
을 때 당시 지금의 스타트업을 '벤처'라고 불렀는데 그게 보편화되

어 아직도 쓰이고 있다. 이 제도는 삼성전자, SK텔레콤, 현대자동차, KT, 포스코 등 많은 대기업들이 도입해서 운영하고 있다. 회사 입장에서 임직원들을 하나의 사업 주체로 생각하여 일할 수 있는 기회를 주는 것이다. 그렇다고 아무 사업이나 할 수 있는 것은 아니다. 보통은 회사와 관련된 사업을 해서 회사와 사내벤처가 시너지 혹은 협업을 할 수 있는 구조를 원한다. 또한 기업 내 분위기를 쇄신하고 임직원들이 수동적으로 근무하기보다 자기주도적으로 업무를 할 수 있도록 하기 위한 목적도 있다.

조직 내에서 개인의 기여와 성장이 정체되었다고 느껴 무기력해지거나 퇴사를 고민했던 분들이 있다. 그들 중 일부는 다시 초심으로 돌아가 회사 내에서 성장의 기회를 찾는 경우도 있다. 이 제도를 도입한 기업들이 보통 나이와 근속 기간에 제한을 두고 있는 경우도 있지만 대부분은 누구나 참여할 수 있다. 이 프로그램은 직원들에게 1년간 급여를 주며 창업자금도 지원해 준다. 그 이후에도 직원 신분을 유지할 수 있도록 최대 3년 동안 휴직도 받아준다. 또 사업이 진척되지 않으면 회사로 복귀할 수 있는 길도 열어준다.

포스코도 사내벤처 제도를 도입해서 운영하고 있다. 선발되는 팀에게는 최대 2억 원의 창업자금과 1년간 급여를 받으며 사업에 몰입할 수 있는 시간을 준다. 이 기간이 경과한 후에도 본인이 원하면 최대 3년까지 무급 휴직을 받을 수 있다. 사업기간 중 어렵다고 판단하면 회사로 복귀도 가능하다. 매년 창업예비팀을 선발해서 육성하고 있다.

나는 2000년부터 2019년까지 4차례 사내벤처에 지원했는데, 2019년에 지원했던 팀들 중 5개 팀이 현재 포스텍 체인지업 그라운드에 입주해 있다. 나도 다른 경로로 지금 여기에 입주해 있다. 그들은 아직 사업 초기 단계이지만 벤처캐피탈로부터 자금을 유치하여 계속해서 사업을 확장해 나가고 있다. 진심으로 응원한다. 이 기업들 중에서 유니콘 기업이 나오기를 기대해본다.

벤처 창업을 준비해본 입장에서 직장인으로서 창업을 희망하는 사람들에게 해주고 싶은 말이 있다. 창업을 위해 섣불리 회사를 그만두지 말라는 것이다. 회사는 전쟁이지만 밖은 지옥이다. 사내벤처 제도를 적극 추천하는 이유도 그 때문이다. 많은 사내 스타트업들은 사업이 잘 풀리지 않을 경우 회사로 복귀의 기회가 열려 있다. 이런 기회를 갖고 사업을 시작할 수 있기에 심리적인 부담이 덜하다. 또한 큰 기업의 구성원으로서 혹은 창업가로서의 내 기질과 적성을 실험해볼 수 있는 좋은 기회이기도 하다. 이제 의학의 발달로 인해 100세 시대가 열린 만큼 정년퇴직 후 인생을 고민해야 한다. 이전에는 정년 후 삶이 비교적 길지 않았지만, 지금은 제2의 인생이라고 불러도 좋을 만큼 수명이 길어져 생활유지를 위한 창업이 필요하다. 그런 상황에 대비해 안전한 환경에서 미리 경험해볼 수 있는 것이 사내벤처다. 개인적으로 기회가 된다면 무조건 지원해보길 추천한다.

혼자서 무자본으로 작게 시작해라

창업을 하는 방법에는 사내벤처 제도 이외에도 다른 두 가지가 더 있다. 하나는 휴직을 하고 준비하는 것이고, 다른 하나는 근무를 하면서 준비하는 것이다. 대표적으로 SK텔레콤은 '넥스트 커리어'라는 프로그램의 '창업 휴직' 제도를 운영하고 있다. 만 50세 이상이거나 근속 기간이 25년 이상이면 신청 인원 제한 없이 누구나 참여할 수 있다고 한다. 이 프로그램은 정년퇴직을 앞둔 직원들이 최대 3년 동안 휴직을 하면서 제2의 인생을 준비할 수 있도록 돕기 위해 마련되었다. 포스코는 이와 유사한 제도로 명예퇴직을 전제로 자기계발 휴직제도를 운영한다. 창업을 위한 사업자금 지원은 없고 최대 1년간 기본급을 받으며, 자기계발 지원금과 자녀 장학금 등을 받을 수 있다.

나는 명예퇴직을 신청하여 자기계발 휴직제도로 1년을 이용하기로 했다. 처음 6개월간은 닥치는 대로 여러 가지를 해보았다. 서울 집으로 돌아가지 않고 포항에 혼자 남아 여러 가지 아이템을 시도해 보았다. 책쓰기, 골프 레슨, 맨발 걷기, 학회 활동, 포스텍 홀딩스 입주로 사회적기업 창업준비, 포항문화재단 문화재생활동, 정당 정책제안 등을 했다. 이것저것 다 해보았지만 6개월이 지나는 시점에 또다시 불안감이 몰려왔다. 정말로 무엇을 해야 할지 앞이 보이지 않았다. 조급증에 걸린 것이다. 나는 마음을 차분히 가라앉혀 내가 무엇을 하고 싶은지, 무엇을 할 수 있는지 곰곰이 생각해보았다. 며칠을 생각한 끝에 내가 해야 할 일은 '재난안전' 전문가가 되는 것이었고, 그 전문성으로 벤처 창업을 하고 싶었다.

이런 생각을 가지게 된 것은 내가 2019년 사내벤처 계획을 하며 깨달은 것이 있기 때문이다. 나의 사업계획서는 투자금과 직원이 많이 필요한 사업계획이었다. 아마도 그동안 포스코만 보아왔기 때문에 그런 생각을 했던 것 같다. 스타트업은 의사결정이 신속하고 빠른 실행력이 생명이다. 그러기 위해서는 작고 민첩한 조직이어야 한다. 방향이 맞지 않으면 수정하고, 선택한 아이템이 아니라고 생각되면 다른 아이템으로 바꾸어 진격하는 조직이다. 그런 과정에서 이것이다, 하는 아이템이나 프로세스가 보이면 그곳에 집중해 나가는 것이다. 하지만 나는 그렇게 하지 못했다. 당시 함께 지원해서 선정된 사내벤처 팀들도 내가 생각하기에는 너무 중후장대하다는 느낌이 많이 들었다. 사업이 성공하면 좋겠지만 실패라도 한다면 그동안 들어간 시간과 비용이 너무 많아서 큰 충격을 받을 수밖에 없는 계획이었다.

나는 2019년 사내벤처 지원 경험을 교훈 삼아 다시 시작했다. 무자본으로 혼자서 작게 시작할 수 있는 자신의 이야기를 콘텐츠로 만들 계획을 세웠다. 책을 쓰고 인스타그램과 유튜브에 영상과 글을 올리고 신문 칼럼과 방송에 출연해서 나의 콘텐츠를 알리기로 했다. 하지만 시작하기도 전에 계획 세우며 망설이는 사이에 6개월이 지나고 말았다. 지금 바로 할 수 있는 게 무엇인가 생각해 보았다. 그것은 휴직 직전에 경험했던 안전 동영상을 만들어 필요로 하는 사람들에게 보내는 것이었다. 나는 매주 동영상 1편을 제작하여 회사 내 직책보임자와 그룹사 안전담당자에게 보내주는 일을 했기 때문이다. 이것이라면 바로 할 수 있는 일이다. 마침 안전보건공단의 안전영상을 편집해서 사용해도 좋다는 승낙을 미리 받아 놓았다. 이것이 잘 진행되면 문화재생활동가들의 도움을 받아서 재난안전에 예술을 접목해 크리에이티브한 콘텐츠를 만들어 보고 싶다. 이 분야에서만큼은 가장 영향력 있는 인플루언스가 되는 것이 지금 현재의 목표다.

거창한 계획도 좋지만, 창업을 계획하고 있다면 혼자서 당장 실행할 수 있는 작은 것부터 계획을 세워나가기를 추천한다. 처음부터 실패를 맛보기보다는 작더라도 성공 경험을 쌓는 것이 조급증과 두려움을 없애기 위한 좋은 시작이 될 수 있다. 그리고 무엇보다 앞에서도 이야기했듯 사내벤처 제도를 활용해 사업에 대한 맛을 미리 보고 자신의 가능성을 찾는 것이 중요하다. 열정과 도전에 대한 의식을 갖는 것은 좋지만, 리스크를 줄이는 것은 항상 모든 일에 있어 필수적이다. 직장에 있을 때 미리 최대한의 경험을 통해 리스크를 줄이고 지옥과도 같은 회사 밖에서의 시작을 탄탄하게 해나가기를 바란다.

기회가 오면
모든 것을 걸고 도전해 봐라

지금 이 순간 사내벤처를 준비해 온 20여 년이 주마등처럼 스쳐 간다. 비록 사업화로 이어지지는 않았지만 결코 후회되지는 않는다. 내가 스타트업에 도전했다는 것. 그 선택만큼은 지금도 내 인생에서 가장 잘한 일 중에 하나라는 생각에는 변함없다. 내가 후회하지 않는 이유는 아직 도전하겠다는 의지가 남아 있기 때문이다. 나는 언젠가는 반드시 스타트업을 할 것이고, 이를 통해 다시 한 번 성장해 보고 싶다. 만약 사내벤처를 시도하지 않았다면, 직장생활에서 최소한의 밥벌이를 하면서 그저 그럭저럭 살아갈 수 있었을지는 몰라도 하루하루 성장하는 자신을 마주하지는 못했을 것이다.

스타트업에 도전한 것은 그 결과가 어떠하든 그 과정에서 많은 것을 배웠다. 시도조차 하지 못한 사람들은 결코 맛볼 수 없는 값진 경험과 깨달음이었다. 도전하는 삶은 그전의 삶과는 분명 다른 삶을 안겨준다. 무엇보다 이러한 삶은 영양제나 보톡스보다 더 우리를 젊게 만들어준다. 가슴 뛰는 나의 일을 하는 것. 그것만큼 큰 활력소가 있을까. 이제 나는 긴 직장생활의 여정 끝에 새로운 사업의 도전 앞에 서 있다. 나뿐 아니라 누구에게나 이렇게 회사나 조직의 울타리에서 오랫동안 일해 온 경우에는 '과연 창업이라는 야생의 세계를 내가 헤쳐나갈 수 있을까?' 하는 불안감이 있을 것이다. 하지만 사람은 누구나 미처 개발하지 못한 잠재력을 갖고 있다. 본인이 알고 있는 것보다도 훨씬 많은 재능이 있을지 모른다. 자신감을 갖고, 자신이 쌓아 온 내공의 가치를 믿어 보는 것도 필요하다.

포스텍 체인지업 그라운드에서
창업의 둥지를 틀다

나는 2021년 8월 말에 사회적기업을 설립하기 위해 포스텍 체인지업 그라운드 벤처 타운에 입주했다. 비록 포스코 사내벤처에 채택되지는 못했지만 포항에서 사회적 기업을 설립하고 싶었다. 포스텍을 선택한 것은 대학과 벤처타운에 우수한 인재들이 모여 있어 뭔가 도움을 받을 수 있을 것 같아서였다. 특히 우수한 기술창업자들이 많아서 벤치마킹이 가능하리라 생각했다. 현재 70여 개 벤처기업들이 입주해 있어 창업의 열기가 물씬 풍기는 곳이라 마음에 들었다.

포항은 지진이라는 자연재해를 경험한 지역이고 내가 근무한 포스코가 있는 도시다. 50만 명의 인구가 거주하는 공업, 상업, 어업, 농업이 공존하는, 재정적으로 탄탄한 도시였기 때문에 좋았다. 8월 말부터는 포항문화재단에서 진행하는 문화재생활동가에 채택되어 9월부터 활동을 시작하게 되었다. 재난 안전 콘텐츠로 시작하게 된 것은 박사학위 연구 테마와 직장에서의 안전업무 경험을 살려보고자 하였기 때문이다. 궁극적으로는 재난 안전 포탈을 만들어 지역사회는 물론 국가에 도움이 되는 일을 해보고 싶었다. 포항 주민의 안전과 포항시 발전을 위해 성실하게 활동해볼 생각이다. 국가나 지자체에 의존만 할 것이 아니라 민간이 스스로 자립할 수 있는 소셜벤처로서 지속가능한 비즈니스 모델을 만들어볼 계획이다. 언제나처럼 한 걸음씩 차근차근 밟아나가 보려고 한다. 지역사회 인재를 발굴하여 함께 창업하고 성장해갈 수 있는 구조를 만들어 보고 싶다. 퇴직을 하는 2022년 5월에는 이를 바탕으로 창업을 할 계획이다.

창업자금은 상환의무 없는
정부지원 자금으로 해결하자

수많은 직장인들의 로망이 창업을 해서 자신의 회사를 갖는 것이다. 하지만 실행으로 옮기는 것은 쉽지 않다. 여러 이유가 있지만 그중에서도 가장 중요한, 창업을 위한 자금확보가 어렵기 때문이다. 창업, 은퇴자금으로 해볼까, 빚을 얻어 시작해볼까, 이런 생각으로 스타트업을 하는 사람은 참으로 어리석다고 생각한다. 이런 창업자는 개인은 물론 가정과 주변인들을 힘들게 하고 우리 사회를 멍들게 한다. 특히 본인은 물론 가족의 노후가 걸린 은퇴자금을 담보삼아 창업을 시작하는 것은 도전이 아닌 도박에 가까운 일이다. 그렇다면 창업에 필요한 자금은 어떻게 마련하면 좋을까?

여러 방법이 있겠지만 나는 정부지원자금 유치를 권한다. 이것이야말로 초기 스타트업들에게 가장 추천할 만한 자금조달 방법이다. 리스크 없이 돈을 조달할 수 있는 가장 확실한 방법이기 때문이다. 창업을 통한 경제활성화, 혁신성장에 사활을 걸고 있는 정부로서는 예비 창업자들에게 자금 부담을 덜어주고, 그들의 꿈에 마중물이 되어주기 위해 수백 가지의 정부 과제를 시행하는 중이다. 사실 전 세계에서 우리나라만큼 정부지원 정책이 우수한 나라는 드물다고 한다. 그만큼 정부가 스타트업의 성장을 위해 물심양면으로 발 벗고 나서고 있다는 이야기다. 스타트업 창업이야말로 취업률과 생산인구를 늘리는 중요한 방안이기 때문이다.

무엇보다도 정부 과제 지원금의 가장 큰 장점은 상환의무 없이 무상으로 지원된다는 점이다. 즉 갚지 않아도 되는 순수 기술 개발 사업화를 위한 지원금인 것이다. 또한 정부 과제의 주관기관은 정부기관인 창업진흥원, 지자체 창업지원기관, 창업선도대학 등이며 정부기관 연계자금을 지원받는 경우, 멘토가 지정되어 경험 많은 멘토로부터 스타트업이 직면하고 있는 여러 가지 애로사항을 해결하는 데 도움을 받을 수 있다는 것도 장점이다. 물론 정부 과제는 누구에게나 열려 있지만, 아무나 선정되는 건 결코 아니다. 준비되지 않은 신청자에게는 결코 달콤한 꿈이 되지 못한다.

다시 한번 꿈을 펼쳐보자

경험은 결코 늦지 않는다. 그리고 인생은 한 번뿐이다. 더 늦기 전에 진짜 나를 위해 미쳐 일해보고 싶지 않은가? 미지로 가득한 강렬한 창업의 세계에서 적어도 한 번은 나의 가능성을 시험해보고 싶지 않은가. 테슬라의 일론 머스크도 이런 말을 했다. "가능성이란 처음부터 있는 게 아니라 만들어나가는 것이다. 성공의 비결은 정해져 있는 것이 아니라 시도하고 도전하면서 답을 찾아가는 것이다." 아예 시도조차 하지 않은 채 남은 일생을 후회로 보내는 것보다, 내게 있는 잠재력을 찾아가는 도전은 적어도 후회하는 삶보다 훨씬 값질 것이다.

내가 지금 이런 꿈을 꾸고 상상할 수 있는 건, 지금까지 사내벤처 창업이라는 도전에 실패했기 때문일 것이다. 하지만 포기하거나 좌절하지 않고 포스텍에서 포항시문화재단을 활용하여 재난안전에 대한 벤처 창업을 하게 되었다. 그 당시 사내벤처에 도전하려는 용기와 결단이 없었다면 이런 또 다른 꿈을 가질 수도 꿀 수도 없었을 것이다. 꿈을 이루는 사람은 결국 실천하는 사람이다. 그리고 나는 믿는다. 내가 성공할 수 있다면 이 책을 읽는 독자들 또한 성공할 수 있다고. 남들에 비해 크게 특별하지도 않은 50대 후반의 나이에 스타트업을 창업하여 새로운 꿈과 목표를 가지게 된 것처럼 이 책을 읽는 모든 이들이 그동안 쌓아 온 역량과 내공이 스타트업 창업에 있어 분명히 경쟁력이 될 것이라고 믿는다. 지금부터 이루어질 나의 창업 시도가 나와 같은 길을 걸어온 모든 평범한 직장인에게 자극이 되고 비타민이 되면 좋겠다. 그리고 이 시대의 직장인들이 인생 2막에 자신의 꿈을 활짝 꽃피울 수 있기를 바란다. 직장생활에서 산전수전 다 경험한 역량을 스타트업이라는 현장에서 멋지게 펼칠 수 있기를 기대해본다.

너무나 흔한 말이지만 오늘 이 순간은 내 인생에서 가장 젊은 때이다. 가슴 뛰는 창업에 대한 열망이 있다면 더 이상 주저하지 말자. 실수하고 깨지는 것은 결과가 아니라 과정일 뿐이니 이 역시 두려워할 필요가 없다. 도전은 그 자체만으로 우리를 앞으로 나아가게 하는 것임을 부디 잊지 말기를. 가장 어리석은 짓은 현실에 안주하고 꿈과 이상을 포기하는 것이다.

Part 5

자신의 **꿈**을
경영하는
직장인 되기

퇴사 전에
준비해야 할 것들

타오르는 열망에 행동 계획까지 갖추면

이루지 못할 것이 없다.

_토머스 J. 빌로드

Chapter 01

퇴직 시점은 내가 정한다

지금 퇴사해도 될까? 갑작스레 밀려오는 불안감에 나를 잘 알고 있는 사람들에게 묻기 시작했다. '내 퇴사 결정에 대해 어떻게 생각해?' 어쩌면 '잘한 선택인 것 같다'는 대답을 듣고 싶은 것일지도 몰랐다. 나는 불안감 때문에 퇴사(명퇴) 결정을 차일피일 미루고 있었다. 그럴 때 누군가 살짝 떠밀어 주면 좋으련만. 마치 번지점프를 할 때 뛰어내리지도 못하고 난간에 서서 망설이고 있는 심정이었다. 그런데 정말 그런 기회가 왔다. 보직을 옮겨 다른 업무를 할지도 모른다는 얘기를 듣게 된 것이다. 이 나이에 다른 업무를 하라고. 화도 나고 서글펐다. 마침 비슷한 시기에 퇴직 전 유급 휴가를 당초 6개월에서 1년으로 늘려준다는 얘기를 들었다. 나는 망설임 없이 명예퇴직 결심을 했다. 사실 5년 전부터 구체적으로 퇴직 준비를 해왔기 때문에 망설임의 시간이 별로 필요치 않았다. 아내와 상의한 후 명예퇴직을 신청하게 되었다. 나는 회사에서 준 1년간의 유급 휴직을 사용했다. 그 기간 동안 못다 한 책 쓰기, 골프, 벤처설립 준비, 사회단체

활동을 시작했다. 그러면서 내가 퇴직을 위해 준비한 것들이 현실성이 있는지 점검하고 실행단계로 들어가게 되었다. 그리고 나의 퇴직 결정이 얼마나 객관적이고 옳은지에 대해 고민하는 시간을 가졌다.

'그래도 홧김에 퇴사하는 건 아니겠지?' 자기 합리화를 위해서일까. 퇴사 전후를 가정하여 손실을 비교해보았다. 먼저, 퇴사했을 때 잃게 되는 것. 다른 일거리를 찾지 못하면 수익이 없어진다. 집에서 지내는 시간이 많아지면 아내와 싸울 수도 있다. 무엇보다도 불안감에 휩싸일 수 있다. 그다음, 퇴사하지 않았을 때 잃게 되는 것. 월급 때문에 나가야 하는 직장생활로 자존감이 낮아진다. 교육부가 주관하는 연구교수 기회를 살릴 수 없다. 또 일, 취미 등 인생 2막을 준비하는 새로운 시도를 할 수 없게 된다. 무엇보다도 중요한 건강, 가족들과 함께하는 시간이 적어진다.

이렇게 정리해보니 퇴사 후 일어날 것들이 별 게 아니었다. 우리는 실제 일어날 일들보다 상상으로 더 고통받는 경우가 많다. 우리가 두려워하는 대상을 정확하게 정의하지 않으면 우리의 뇌가 부정적인 상상을 무한대로 키워 우리를 더 두렵게 만든다. 중요한 결정을 할 때 객관적으로 바라보는 시각이 필요하다.

퇴사를 하면 매달 나오던 돈이 나오지 않아 힘들겠지만, 그렇다고 당장 죽는 것은 아니다. 물론, 상황을 제3자의 시각에서 보듯 냉철하게 바라보고 판단하며, 결정도 내가 스스로 해야 한다. 하지만 가보지 않은 길이라고 해서 무조건 나쁘다, 어렵다, 두렵다고 생각할 필요는 없다. 특히 퇴사는 언젠가는 해야 할 일이기에, 적당한 시기라고 여겨진다면 부딪혀 생각해보는 것도 좋다. 오히려 회사로부터 독립하는 것이 진정한 자신의 삶을 살 수 있는 방법이 될 수도 있다.

적절한 퇴직 시점과 준비해야 할 것들

내가 생각하는 최선의 퇴사 시점은 인생 2막이 준비되었을 때이다. 새로운 회사로 이직을 하거나 창업을 할 수도 있고, 자신이 평소하고 싶었던 일을 할 수도 있다. 퇴사하기 전 직장에 다니면서 완벽한 준비를 해야 한다. 이직의 경우는 새로운 회사가 확정되었을 때이다. '직장 다니며 이직을 준비해?'라고 할지 모르지만, 대부분의 성공적인 이직자들은 그렇게 하고 있다. 많은 회사들은 현직에 있는 사람을 선호하기 때문이다. 창업의 경우 역시 직장에 다니면서 충분한 테스트를 한 후 가능성을 확인해야 한다. '직장 다니며 창업을 어떻게 해?'라고 할 수 있지만 퇴근 후, 회사 내에서 기회가 주어질 때마다 도전해보기도 하고, 별도로 주말에 시간을 내서 차근차근 준비할 수도 있다. 배우자와 같이 준비한다면 금상첨화일 것이다. 준비 없는 퇴사는 심리적으로 조급하게 되고 섣부른 창업으로 이어져 실패할 확률이 높다. 그래서 퇴사 준비는 길게 잡고 천천히 해야 한다.

퇴사를 결정했다면 준비해야 할 것들이 있다. 먼저 나에 대한 온전한 믿음이 필요하다. 퇴직 후 회사 밖에서 취업 준비를 하거나 사업을 할 경우 '멘탈관리'가 굉장히 중요하다. 이때 '자신에 대한 온전한 믿음'이 절대적으로 있어야 한다. 확실한 자신감이 생기지 않으면 서둘러 다른 일을 하겠다고 결정하는 것은 늦추는 게 좋다. 시간을 두고 할 일을 찾아보자.

다음으로 수익을 확보할 방법과 지출을 컨트롤할 수 있어야 한다. 퇴사를 결정할 때 가장 중요한 게 먹고살 걱정이다. 나의 경우 급여 외 수입이 충분히 있었다. 하지만 두려운 마음도 들었다. '월급'이라는 존재의 든든함, 루틴의 안정감을 벗어나기가 힘들었다. 이런 것들을 극복하기 위해서는 본인의 수입과 지출에 대한 통제권을 갖고 있어야 한다. 그러기 위해서는 우선 후불인생이 아닌 선불인생으로 살아야 한다. 대표적으로 신용카드, 마이너스 통장을 사용하지 말고 체크카드와 현금으로 지출하는 습관을 들여야 한다. 쿨하게 이번 달에 조금 벌었으면 조금 쓰면 되지, 하는 자세가 필요하다. 이렇게 내가 이번 달 벌어들인 수입과 써야 할 지출을 체크하면서 불안하지 않게 사는 게 중요하다. 간단한 얘기 같지만 실제로 해보면 힘든 일이다. 나는 아내를 설득하여 이 작업을 함께했으나 솔직히 말하면 지금도 제대로 이행되고 있지 않다. 이 문제가 해결되어야 그때부터 드디어 선불인생이 되는 것이다. 비록 지금 당장 수익이 없어도 내가 가진 퇴직금과 모아둔 돈으로 어떻게 생활할지 계획해 봐야 한다. 경제적인 통제권을 갖는 것만으로도 마음의 안정을 가져올 수 있다.

　마지막으로 내가 할 일을 정해보기다. 퇴사 후에 많은 사람들이 매우 힘들어한다. 간혹 아무런 준비 없이 홧김에 회사를 그만두는 경우가 있다. 이 경우에는 퇴사 후에 엄청난 불안감과 후회를 할 수도 있다. 갑자기 하루 아침에 할 일이 없어졌기 때문이다. 허무하고 공허감이 몰려온다. 그래서 미리 할 일을 정해 두는 게 필요하다. 나는 솔직히 루틴이 준비되지 않은 상태로 퇴사를 결정했다. 다행히 회사는 퇴직 전 1년간 유급 휴직 시간을 주었다. 그래서 나를 객관화하고 퇴직을 준비할 수 있는 여유를 가질 수 있었다.

　루틴하게 내가 할 일이 있는지 없는지는 퇴사 후에 굉장히 중요한 문제이다. 이는 단순히 경제적인 문제로써뿐만 아니라 그 일에 집중해서 불안한 마음을 떨칠 수 있기 때문이다. 월별, 주별, 일별 스케줄을 만들어서 내 상황에 맞게 계획을 세워보아야 한다. 퇴사 후에 가장 경계해야 할 것이 나태함이라고 한다. 내가 당장 뭘 해야 할지 모르겠다는 생각이 들면 '루틴한 습관'을 만들어보는 것도 좋다. 나는 글쓰기와 독서가 일상이 될 수 있도록 준비했다. 나는 평소 수첩 쓰기, 좋은 글 노트에 메모하기를 좋아했다. 매주 1개 꼭지의 글을 쓰기 시작했다. 매일 글을 쓰다 보면 생각이 정리되고 나의 내면을 객관적으로 바라볼 수 있게 되었다. 또한 꾸준한 책읽기와 독서 모임을 시작했다. 여기서 인연을 맺은 많은 분들 덕분에 세상을 보는 시야가 넓어졌으며 이를 통해 앞으로 할 수 있는 일을 찾는 새로운 기회가 찾아왔다. 글쓰기는 굉장한 힘을 가졌다. 또 새벽 기상을 통해 간단한 체조와 명상 습관을 갖게 되었다. 매일 밤 11시에 취침을 하게 되면서 음주를 줄였으며, 아침 4시 명상수련을 통해 근심 걱정을 떨쳐낼 수 있었다. 이러한 활동 자체가 '나의 의지'이고 '일종의 성취'가 되었다.

우리의 미래는 아무도 모른다. 퇴사해야 할지 말아야 할지 결정할 때는 위험과 기회에 대한 자신의 판단이 가장 중요하다. 남이 뭐라 해도 무엇보다 중요한 건 내 생각이다. 세상은 책에 쓰인 대로 흘러가지 않는다. 똑같은 사건도 어떻게 보는가에 따라 달라진다. 하나의 사건을 두고 다양한 시각이 있을 수 있다는 뜻이다. 그러므로 중요한 결정을 내릴 때는 그간의 경험이나 남의 말, 관련자료, 관련 책 등 모든 것에 촉각을 세우고 여기에 자신의 직감을 더해 스스로 판단해야 한다. 이러한 과정을 거쳐 지금 당장 퇴사해야 하는 시점에 와있다면 피하지 말고 당당하게 마주해 보기 바란다. 일단 결정이 되었으면 뒤돌아볼 필요는 없다. 그동안 서운한 마음을 가지게 한 사람들에게는 사과하고, 신세 진 사람들에게는 감사하다는 인사를 하고 끝내는 것이 좋다. 뒷마무리를 깨끗이 하되, 혹시 다시 만나게 되더라도 좋은 인연으로 만나면 된다. 퇴직은 인생의 끝이 아니다. 퇴직이라는 문밖에 또 다른 시작이 기다리고 있다.

Chapter 02

꿈을 이루기 위해서는
준비가 필요하다

———

"애야, 넌 꿈이 뭐니?" 모든 사람이 어린 시절 수도 없이 듣는 질문 중 하나이다. 대부분이 이 질문에 대답하기 위해 자신의 꿈을 한번쯤은 고민해 보았을 것이다. 정말 내 꿈이 뭘까. 너무 소박하면 다른 사람들이 웃지 않을까 하는 생각으로 남들이 생각하는 그저 그런 꿈을 얘기한 사람도 있었을 것이다. 그래서 그런지 비슷한 꿈이 많았다. 내가 초등학교 시절에는 남학생은 의사, 변호사, 판사, 대통령이었고 여학생은 피아니스트, 발레리나, 교사, 약사 등으로 세상의 직업이 열 손가락으로 꼽을 정도로 적은 것 같았다. 하지만 현재 시점에서는 초등학생이라면 건물주, 유튜버, 한류스타, 셰프가 되겠고, 사회인이 되면 건물주, 슈퍼개미, 서울에 집사기, 매일 퇴사를 꿈꾸며 출근하기, 파이어족 등이지 않을까.

그러나 꿈을 꾸는 시간이 끝나고 직장생활을 하면서 현실로 오면 안정적인 삶을 추구하는 것이 일상이 된다. 꿈은 꿈으로 끝나는 경우가 많다. 지금 인기가 있어서, 남들이 좋다고 해서, 전망이 있을 것 같아서 꾸는 꿈은 꿈이 아니다. 그것은 자신의 것이 아니기 때문이다. 설사 자신이 원하는 꿈을 찾았다고 해도 다 꿈을 이룰 수 있는 것은 아니다. 꿈을 현실로 이루려면 구체적인 준비와 전략이 필요하다. 어떤 꿈을 꾸는가에 따라 달라질 수 있지만 큰 틀은 동일하다. 간절한 꿈도 준비된 사람을 만날 때 빛난다.

준비의 첫 번째는 나 자신에게 물어보는 것

퇴직을 앞두고 나 자신에게 물어보았다. "너 무엇을 하고 싶어?" "어떻게 하고 싶어?" 뜻밖에도 나는 "이걸 하고 싶다."라고 대답할 수 없는 나 자신을 발견했다. 왜 그럴까 생각해보았다.

직장생활에 몰입해서일까? 그렇지는 않은 것 같다. 문제는 내가 무엇을 하고 싶은지, 잘하는 것이 무엇인지 모르고 있다는 사실이었다. 나는 직장생활을 하면서도 많은 것에 도전했다. 재테크, 공부하기, 일 즐기기, 사업하기 등 다양한 분야를 경험했다. 그리고 퇴직을 앞둔 휴직 기간 중에도 책쓰기, 학회지 논문투고, 벤처사업준비, 문화재생활농가, 정책 제안하기, 여행다니기, 골프하기, 맨발걷기 등을 해보았다. 그렇지만 내가 하고 싶고, 잘하는 것이 무엇인지 잘 모르겠다. 왜 그럴까. 지금까지는 직장 내에서 주어진 시간, 주어진 틀 속

226

에 살며 나의 내면을 보지 않았기 때문이다. 즉, 나 자신에 대해서 관심을 갖지 않았다.

나는 명예퇴직을 신청하고 휴직 시간을 갖고 있다. 이제 직장이라는 울타리는 없어져서 자유롭기는 하지만 망망대해를 항해하는 돛단배 선장이 된 것처럼 어디로 어떻게 가야 할지 모르겠다. 직장생활을 하며 많은 준비를 했다고 생각했는데 무엇을 해야 할지 분간이 되지 않았다. 무엇이든 빨리 해야 할 것 같은 마음이 일종의 강박관념이 되어 불안해지기 일쑤였다. 지금 무엇보다 중요한 건 내가 하고 싶은 것이 무엇인지, 즉 내가 무엇을 잘하는지, 무슨 강점을 가지고 있는지 찾는 것이었다. 나 자신에게 집중해야 함을 느꼈다. 문제에 초점을 두는 게 아니라 내 안의 욕망과 나의 강점에 초점을 맞추는 것이다. 그 과정으로 지금까지 살아온 삶을 펼쳐놓고 내 삶이 언제 빛났고, 언제 어두웠는지 살펴보기로 했다. 그 경험들이 나의 강점과 약점을 보여줄 수 있을 것 같았다.

첫째, 나는 직장 조직 속에서 맡겨진 일과 정해진 규칙을 잘 따랐지만 늘 회의감과 염증을 느꼈다. 그래서 조직 안에서도 자발적으로 남들과 섞여서 무언가를 하려고 하지 않았다. 가능하면 개인적으로 관심이 많고 나 자신에게 도움이 되는 일을 많이 했다. 그 시간만큼은 몰입할 수 있었다.

둘째, 나는 타인의 평가에 예민했기 때문에 사람들에게 잘 다가가지 못했다. 내 안에서는 타인에게 관심을 끌고 인정받고 싶은 욕구가 늘 강했다. 이러한 욕구는 나의 내성적인 성격 때문에 직접적으로 표현되지 않고 마음속에만 자리하고 있었다. 그래서 공식적인 것보다는 비공식적으로 사람들과 소통하는 것을 선호했다.

셋째, 나는 단기적 목표보다는 삶의 방향과 의미를 갈구하는 미래지향적인 사람이다. 그렇기에 삶을 길게 바라보고 살아왔다. 그것은 미래를 설계하고 계획을 세워 살아가는 좋은 태도로 이어질 수 있었다. 나는 항상 미래를 준비하고 위험에 대비하며 살고 있었다.

그렇게 살펴보니 나의 약점은 강한 규칙 속에서 염증을 잘 느끼고, 내성적이라 사람들에게 먼저 다가가기 힘들다는 것, 대신 강점은 단기적 목표가 아니라 장기적 목표를 설정하고 더디더라도 미래를 위해 차곡차곡 쌓아나가는 것을 잘한다는 것을 알 수 있었다. 이를 토대로 나는 제2의 삶을 다시 준비하기 시작했다. 내 경험과 나의 자질을 잘 활용할 수 있는 일들을 찾기 위해 노력했고(지금도 그렇게 하고 있다), 그 일의 일부로 휴직 기간 중인 현재에도 원자력안전의 국제협력에 관한 연구를 하고 있고, 포항문화재단에서 문화재생가로 활동하고 있으며, 포스텍 스타트업 보육센터에서 재난안전관련 창업을 준비하고 있다.

준비의 두 번째는 세상이 정의하는 내가 아닌, 내가 정의하는 나를 찾는 것

박사과정에 입학할 때도 그랬다. 이제 50인데 학위를 받겠다고 하니까 지인들이 모두 말렸다. 나이도 적지 않은데 지금 공부해서 무엇을 할 것이냐고 말했다. 맞는 말이었다. 또 '너무 늦었다'는 것이었다. 하긴 나도 공부를 결심하기 전까지만 해도 골프 치며 여행 다니고 인생을 즐기면서, 애들 뒷바라지 잘해서 스스로 살아갈 수 있게 하는 게 나의 역할이라고 생각했다. 그런 내가 학위를 받겠다고 나선 것이다. 그런데 나는 저지르고 말았다. 그냥 진학하면 어떻게 되겠지 하는 마음으로 말이다. 2년이 흘러 학위과정을 수료하고 또 다시 2년은 일본 유학을 결정했다. 큰 고민 없이 결정한 유학을 아내가 흔쾌히 승낙해 주었다.

그러나 막상 시작한 유학 생활은 평소 꿈꾸던 낭만과는 거리가 멀었다. 논문을 다 쓰고 돌아가야 한다는 강박관념 때문에 매일 도서관에서 시간을 보냈다. 도서관과 기숙사를 오가며 보내는 시간이 즐거울 수 없었다. 나이 들어 시작한 유학 생활은 생각보다 훨씬 외롭고 힘들었다. 누가 부담을 주지는 않았지만 무급 휴직을 하며 시작한 유학 생활이 나는 불안하고 걱정이 될 때가 많았다. 경제적인 손실과 단기간에 성과를 내야 한다는 강박감으로 다가오는 스트레스는 이만저만한 게 아니었다. 가끔 밀려오는 불안, 괜히 시작했다는 후회, 지금이라도 학위과정을 포기하고 그냥 신나게 놀다가 돌아가서 복직할까 하는 생각이 항상 머릿속에 맴돌았다. 그런데도 어떻게 공부를 시작할 수 있었고 끝까지 갈 수 있었을까. 이런 번민에 빠질 때마다 나는 스스로 계속 물어봤다. "너 정말 박사 되고 싶어? 왜 되고 싶어? 되면 어떻게 할 건데?" 이렇게 자문자답하는 과정에서 하나 알게 된 게 있다. '아! 내가 진짜 이거 하고 싶어 하는구나, 정말 하고 싶구나.' 하는 것이었다.

'그렇다면 해야지!' 나의 답은 그것이었고, 그 답을 붙들고 끝까지 완주했다. 나는 이런 힘으로 걱정과 불안을 이기며 끝까지 갔다고 생각한다. 걱정보다 진짜 하고 싶은 마음이 클 때 그 걱정을 넘어설 수 있게 되는 것 같다. 이것이 내가 생각하는 불안을 이기는 방법이다. '세상의 기준에 맞추지 않고, 내가 가진 기준을 세상이 원하게 하리라.' 이 문장을 가슴에 품고 항상 힘들 때마다 이 문장을 되뇌었다.

지금 앞날 때문에 불안해하는 사람이라면, 우선 자기 자신에게 물어봐라. 무엇을 하고 싶지? 그렇게 해서 하고 싶은 게 명확해지면 그때는 세상에 맞추지 말고 자신이 원하는 것을 세상이 원하게 하는 방법도 있다. 그때는 이 문장을 꼭 떠올려 봐라. 그러다 보면 어느새 불안, 두려움을 벗어나서 자기 인생의 주인공으로 살게 될 것이다.

묻고, 답하고, 실행하라

어릴 때 자주 들었던 질문, "애야, 넌 꿈이 뭐니?"를 지금 우리에게 다시 던진다면 어떻게 대답할 수 있을까? 대답은 저마다 다르겠지만 앞에서 이야기한 것처럼 이 대답을 찾는 가장 중요한 방법은 바로 나의 내면 깊숙한 곳을 들여다보는 것이다. 지금껏 열심히 달려오느라 잊고 있었던 내 마음의 목소리에 귀를 기울여보자.

"내가 정말 원하는 것이 무엇일까?" "그것이 얼마나 간절한가?" "어떻게 하면 그것을 이룰 수 있을까?" "그것을 위해 나는 어떤 준비를 어떻게 해나가야 할까?"

시간은 우리의 것이다. 조금 늦어지고, 또 조금 더딜 수도 있지만 언제나 꿈을 준비하는 시간만큼 행복한 시간은 없다. 나의 강점, 나의 약점을 찾고 그것으로부터 발견한 통찰을 바탕으로 내 목소리가 간절히 원하는 곳을 향해 한 걸음을 디뎌보자. 그것은 직장생활을 하는 가운데서도 가능하고, 나처럼 휴직을 한 이후에도 가능하다. 중요한 건 '언제 시작하느냐'가 아니라 '어떻게 시작하느냐'이다. 당신이 꿈을 찾는 그 여정을 응원한다.

Chapter 03

퇴직 후 시작할
나의 꿈, 나의 미래

────────

나는 퇴직 후 무엇을 할까? 내가 하고 싶은 것은 무엇일까? 내가 잘하는 것은 무엇일까? 참 많은 것을 준비했다고 생각했는데 막상 퇴직을 앞두니 앞에 아무것도 보이는 게 없었다. 그래서 나 자신이 진심으로 무엇을 하고 싶은지, 무엇을 할 것인지 나의 내면을 살펴보기로 하였다. 나는 먼저 빈 노트와 연필 한 자루를 가지고 빈 회의실로 들어갔다. 그곳에서 나는 무엇을 하고 싶고 또 내게는 어떤 강점이 있는지, 내가 하려고 하는 일은 무엇인지, 그와 관련해 나의 지식이나 노하우는 어느 정도인지를 점검하기 시작했다.

그리고 최종적으로 지금 하고 있는 책쓰기를 통해 직장인들을 위한 자기계발과 동기부여를 해나갈까 아니면 회사 내에서 쌓아온 재난안전과 관련된 일을 해야 하나 고민이 되었다. 직장인 자기계발은 나 말고도 많은 전문가들이 활약하고 있었다. 반면 재난안전에 있어서는 좀 달랐다. 나는 학위를 받으며 일본에서 재난 극복을 체험하고, 직장에서 안전업무를 경험했으며, 문화재생활동을 하고 있고, 벤처 창업을 준비하고 있었다. 그러나 직장생활하며 7년을 준비했다고는 하나 실질적으로 활동한 것은 없었기 때문에 고민이 되었다.

긴 고민 끝에 결국 내가 가야 할 길은 '재난안전'이라고 확신하게 되었다. "모두가 깨끗한 환경에서 안전하고 건강하게 살아갈 수 있도록 돕는 사람이 되자." 이것이 내가 가장 잘 알고 또 잘할 수 있는 것이므로, 이 방향으로 포지셔닝하기로 했다. 재난안전은 큰돈을 벌 수 있는 테마는 아니다. 하지만 국내에 아직 전문가가 없다는 사실이 굉장한 메리트이다. 인문학도로서 아트를 가미한 콘텐츠로 풀어가면 확실한 차별화가 될 수 있겠다는 자신감이 생겼다.

나의 꿈을 재난 안전으로 펼쳐보다

나는 먼저 1인 지식기업으로 시작하기로 마음먹었다. 혼자서 무자본으로 작게 할 수 있기 때문이다. 내가 경험했던 정말로 소중한 이야기를 잘 모아 사람들에게 알려주면 도움이 되겠구나 하는 생각이 들었다. '그럼 지금부터 어떻게 해야 할까?' 고민해보았지만 생각만 가지고 될게 아니었다. 사람을 뽑고 장소를 구하면 시간과 비용이 소요되고 또 다른 고민거리들이 생길 것 같았다. 먼저 회사 다닐 때 업무로 했던 일을 회사 밖에서 해보기로 했다.

첫 번째, 나는 포스코 안전부문에서 2년 반 동안 매주 1차례, 120 개의 안전 동영상 콘텐츠를 만든 적이 있다. 이 경험을 살려 유튜브 등 다양한 콘텐츠를 만들어 내보내고, 필요로 할 만한 곳에 전달할 방법을 찾을 계획이다.

두 번째, 동영상과 함께 뉴스 레터를 만들어 보내주려고 한다. 재 난안전관련 기사, 이슈거리, 정책을 모아서 함께 보내주고 간단하게 시사점을 정리하여 보내주면 도움이 될 것 같다. 주요 이슈로는 재 난발생 시 현장의 생생한 정보와 원인 분석을 작성하여 보내주는 것 이다.

세 번째, 재난, 안전, 환경 관련 교육 프로그램을 만들어 직접 적 용해본다. 그 후 반응이 좋으면 다른 교육기관에 보급하여 더 많은 사람들에게 적용되도록 확산시킬 것이다.

또한 지금까지의 나의 연구 활동과 근무 경험을 정리해서 컨설팅 과 교육도 해보기로 했다. 내가 지금까지 경험했던 일들을 대수롭지 않게 생각했는데 이것이 다른 영역의 사람들에게는 다르게 평가 받 을 수도 있겠구나 하는 생각이 들었다.

그리고 나는 직장생활을 마무리하고 인생 2막의 터닝 포인트로 '책쓰기'를 시작했는데 그것은 여간 힘든 일이 아니었다. 하지만 내

문화재생활동가들과 어린이 대상 방재교육
내가 가장 잘 알고 또 잘할 수 있는 것이므로,
나의 꿈을 재난 안전으로 펼쳐보기로 했다.

직장생활 전반을 돌아보고 정리하는 데 큰 의미가 있었다. 7개월 동
안 미친 듯이 글쓰기에 집중하면서 이 작업이 끝나는 대로 '재난 안
전'으로 나의 콘텐츠를 만들기로 결심했다. 그리고 책쓰기 경험을 살
려 SNS, 유튜브, 강연 활동을 시작할 계획이다. 혼자 하는 게 쉽지
않을 듯해 함께 활동하고 있는 문화재생활동가들에게 도움을 요청
했다. 그들은 흔쾌히 나를 도와주겠다고 했다. 업무영역이 넓어지고

매출이 발생하면 법인을 만들어 사회적 기업으로 운영할 계획이다. 이를 바탕으로 국내 전 지역은 물론 해외로까지 확대할 생각이다.

동아시아 지역 내
공동 번영을 위한 협력을 이끌어내다

재난안전 부문의 전문가로 활동하기 위한 계획을 하면서, 좀 더 확대된 구상도 해보고 있는 중이다. 나는 동아시아 대학원 설립을 꿈꾸고 있다. 박사학위 논문을 쓰며 동아시아 국가, 특히 한중일 3국 간 협력이 꼭 필요하다는 것을 알 수 있었다. 현재 동아시아 국가들은 가깝고 유사한 듯하지만 정치, 군사, 외교 측면에서 항상 갈등, 긴장 관계가 상존하고 있다. 각국의 내부 정책뿐만 아니라 동아시아 공동 현안, 글로벌거버넌스 관련 의견 충돌이 잦다. 한국은 중국과 일본 사이에 끼여 자신의 목소리를 내지 못하는 경우가 많다. 미세 먼지의 경우 중국에서 발생하여 우리에게 많은 피해를 주는데도 당당하게 대책 수립을 요구하지 못하고 있다. 이러한 현안 문제에 대한 국가 간 공동 연구와 긴장관계 해소를 위한 다양한 접근이 필요하다.

나는 이러한 문제 해결을 위해 동아시아 대학원 설립이 필요하다고 주장한다. 이는 지역 내 미세 먼지, 원자력안전, 지구 온난화와 같은 문제 해결을 위한 주체가 없기 때문이다. 유사한 사례로는 유럽대학원(EUI)이 있다. 1972년 유럽공동체 6개 회원국이 EU 정책, 글로벌거버넌스 등 유럽발전을 위해 설립되었다. 지역 내 국가 간 협력에 큰 공헌을 하고 있고, 지금도 잘 운영되고 있다. 또 다른 사례로는 일본 와세다대학교가 동아시아 대학원을 설립하여 아시아의 공동 발전을 도모한 적이 있다. 나의 '동아시아 대학원' 설립 구상은 다음과 같다. 공동 현안 문제 해결을 위한 프로젝트 별 팀을 구성하여 8학기 내에 2개 이상의 프로젝트를 완수하면 학위를 준다. 주요 의제로는 미세먼지, 원자력안전, 전염병, 환경, 에너지, 교통 등의 문제를 다룬다. 스타트업 창업으로 대학원을 설립하고 수업은 온라인 수업과 실시간 토론 중심으로 진행한다. 학생은 연구원, 공무원, 일반 직장인, 벤처 사업가 등 직장을 가진 사람들로 선발한다. 프로젝트별 팀에서는 지역 내 민감한 현안에 대한 관련 국가 전문가들의 공동 논의로 가장 현실적인 문제 해결 방안을 수립할 수 있다. 이를 통해 지역 내 국가들의 공동 번영을 가져올 것이다.

퇴직 후 시작할 나의 꿈, 나의 미래는 다소 거창한 얘기일 수도 있다. 물론 내 꿈이 꿈으로 끝날 수도 있다. 하지만 도전은 언제나 멋진 일이다. 나도 지금부터 시작하려고 한다. 내가 알고 있는 것, 깨달은 것을 공유함으로써 세상이 좀 더 나아지는 데 기여하려는 것이다. 이 과정에 있어 가장 중요한 건 자신의 꿈이 무엇인지 정의를 내리는 단계다. 내가 했던 것처럼 종이와 연필 하나를 들고 진짜 내가 원하는 것을 써 내려가 보자. 그리고 꿈을 발견하거든 그것을 가슴에 품고 조금씩 키워나가다 반드시 실행으로 옮기기를 바란다. 퇴직은 생각보다 먼 훗날 이야기가 아니다. 직장에 있는 모든 기간이 퇴직을 위한 준비 기간이라고 생각한다면, 하루하루 미래를 위한 준비로 더욱 즐거워질 것이다. 많은 준비를 한 후에 퇴직을 해도 조금증과 불안감이 생기기 마련이다. 꿈을 키우고 미래를 준비하고 도전에 대한 열정을 키우는 건 반드시 퇴직 전에 시작하길 바란다.

Chapter 04

자신을 브랜딩하기 위한 책쓰기

'골프' 하면 누가 생각나는가? 아마 '타이거 우즈'라는 이름이 먼저 떠오를 것이다. 물론 현재 전성기가 지났고 얼마 전 자동차 사고로 한동안 경기에 나오지 않기도 했으며, 또 다른 불미스러운 일도 있었기에, 누군가는 다른 사람을 생각할 수도 있겠다.

하지만 분명한 것은, 타이거 우즈는 특정 계층에게 한정되어있던 골프의 인기를 전 세대와 글로벌로 파급시킨 인물이란 사실이다. 2019년 현재 PGA 통산 82승(메이저 15승 및 WGC 18승 포함), 유러피언 8승 등 전 세계 투어 통산 108승을 기록 중이다. 그는 분명히 골프 황제이다. 또 2020년 기준 가장 돈을 많이 번 현역 운동선수 중 하나이기도 하다. 그가 벌어들인 돈 가운데 대부분은 상금이 아닌 광고 수입인 것으로 나타났다. 우즈가 약 1년 동안 상금으로 받은 돈은 230만 달러(약 28억 원)에 불과했지만, 직접 광고에 출연하거나, 기업 로고나 상품명을 노출하는 데 따른 대가로 받은 광고 수입만 해도 6천만 달러(약 738억 원)가 넘는다. 1년 동안 벌어들인 돈의 96%

가 장외 수입인 셈이다. 그가 '움직이는 광고판'이라는 말을 듣는 이유다. 아직도 골프장에 그가 나타나면 갤러리가 구름 떼와 같이 몰려다닌다고 한다. 그가 빠지면 골프 흥행 자체에 타격이 불가피하다. 그의 브랜드는 아직도 강력하다. 이는 골프 황제로 브랜딩된 사람이기 때문이다.

최고의 브랜딩 방법은 책쓰기다

"무슨 일을 하시나요? 특히 어떤 것을 잘하나요?"라고 물으면 할 얘기가 없든지 장황하게 설명해야 될 때가 많다. 이런 사람들에게 필요한 것이 바로 '퍼스널브랜딩'이다. 퍼스널브랜딩이란 자신의 가치를 높여주고, '골프' 하면 타이거 우즈라고 하듯이 '이것' 하면 내가 떠오를 수 있도록 하는 방법이다. 그리고 나는 퍼스널브랜딩의 가장 확실한 방법이 '책쓰기'라고 생각한다.

이런 이야기를 하면 많은 직장인들은 '나는 그저 평범한 직장인인데 책을 어떻게 써요.'라든가 '나는 글쓰기가 안 되는데 괜찮을까?' 하며 우선 겁부터 먹는다. 나도 처음엔 그랬다. 하지만 평범한 직장인이라도 직장인의 일상에 대해 꾸준히 책을 쓰고 어필하면 그 '평범함'이 자신의 브랜드가 될 수도 있다. 미술 전공자가 아니더라도 열심히 그린 나만의 그림을 꾸준히 업로드하고 쌓아가면 그것이 전공자와 차별화될 수 있는 나만의 브랜드가 되는 것처럼 말이다.

방송인 솔비 씨는 아티스트로도 알려져 있다. 그녀는 가수로서 대중에게 이미 브랜딩되어 있는 사람이다. 그런데 최근 그녀가 그린 그림이 인기를 끌고 고가에 판매되고 있다는 기사를 본 적이 있다. 가수로서 많이 알려졌으나 화가로서 도전하여 능력을 인정받고 있다는 것이다. 가수가 아닌 '작가'로서 자신을 브랜딩하는 데는 그녀가 직접 쓴 《누가 뭐래도 나답게》라는 책이 한몫을 했다. 책에서는 사회적 메시지를 전하는 아티스트로서 자존감을 높이는 법, 작품에 관한 개념과 에피소드, 가수에서 화가로 도전한 스토리 등 깊이 있고 진솔한 이야기를 하고 있다. 책을 통해 가수이자 화가로서 자신을 확실하게 브랜딩한 것이다.

평범한 직장인 누구라도 자신을 브랜딩할 수 있다. 내가 잘하는 것, 내가 하고 있는 일 그 자체, 좋아하는 것, 그 모든 게 아니라면 평범한 일상조차도 꾸준히 쓰고 쌓아나간다면 그것이 자신의 콘텐츠가 되는 것이다. 우리는 지금 넘쳐나는 정보의 홍수 시대에 살고 있지만, 그럼에도 불구하고 사람들이 책을 읽는 것은, 책은 전문적이고 신뢰감을 줄 수 있다는 생각 때문일 것이다. 그래서 독자는 예전에 비해 많이 줄었지만 책을 내고 싶어 하는 사람은 오히려 많이 늘었다. 1인 브랜드 시대가 된 지금, 자신을 신뢰성 있게 사람들에게 드러내기 위한 마케팅 방법으로 책만 한 게 없는 것도 사실이다.

그리고 어차피 책을 쓰게 된다면, 디테일하게 자신을 브랜딩할 수 있는 소재와 주제를 찾는 것이 좋다. 내용이 무엇이든 책 한 권을 다 쓴다는 것은 무척 힘든 일이고, 그 자체로도 브랜딩이 될 수 있겠지만 어차피 써야 한다면 그냥 '저자'로 남는 것이 아닌 자신의 전문 분야 혹은 미래에 대비한 책을 쓰는 게 좋다. 만약 자신의 전문 분야로 브랜딩을 위한 책을 쓴다면 자신을 어필하는 것은 물론 그 분야에서는 전문가로 자리매김할 수 있기 때문이다. 독자에게도 훨씬 많은 신뢰감을 줄 수도 있고, 출간 이후에도 강의와 방송출연 같은 다양한 기회까지 얻을 수 있다. 《나는 가상화폐로 3달 만에 3억 벌었다》를 쓴 저자 빈현우는 책을 출간한 이후 가상화폐 분야 전문가로 자리매김해, 인세보다는 강의나 출연료로 엄청난 돈을 벌었다고 한다.

작가에는 단순히 '책'을 쓰는 작가와 '브랜딩'을 위한 작가가 있다. 단순히 책을 쓰는 작가는 작가라는 타이틀 하나로 만족해야 하지만 브랜딩된 책을 쓰는 작가는 책 출간 이후의 삶과 미래가 있는 책을 쓰게 되는 것이다.

평범한 직장인도 주인공이 될 수 있다

직장인, 전승환은 베스트셀러 작가이다. 그는 《내가 원하는 것을 나도 모를 때》의 저자로서 지금까지 4권의 책을 출간했다. 책은 50

만 부가 판매되어 인세 수입이 어마어마하다. 그는 '책 읽어 주는 남자'라는 채널을 운영하였는데 페이스북, 인스타그램, 카카오스토리, 밴드, 유튜브에까지 진출했다. 그는 대기업에 다니면서 작가활동도 하고 여러 가지 채널을 운영하는 크리에이트 활동가이며 편집자이기도 하다.

그가 이렇게 활동할 수 있었던 건 자신이 회사원이었기 때문에 가능했다고 한다. 지방대 출신으로 겨우 입사하게 된 직장이었지만 회사에서 3년 정도 일을 하다 보니 일도 익숙해지고, 매너리즘에 빠져 빈둥빈둥 생활하게 되었다고 한다. 그러던 어느 날 차인표 씨가 인기 TV프로인 〈힐링캠프〉에 출연하는 모습을 보게 된다. 사회자가 차인표에게 어떻게 그런 가슴 근육을 만들 수 있냐고 묻자 차인표는 하루에 팔굽혀펴기 1500개를 한다고 대답했다. 그 많은 1500개를 어떻게 하느냐고 다시 물으니 차인표가 "한 개부터 시작하면 됩니다."라고 대답했다고 한다. 이 얘기를 들은 전승환 작가는 큰 깨달음을 얻었다. 그동안 회사에만 열심히 다녔지, 자신을 위한 삶은 없었다는 것. 그것을 위해 '한 개'조차 시작한 게 없다는 사실을 말이다.

그때부터 뭔가를 시작해보자고 생각하여 그는 '책읽어 주는 남자' 채널을 운영하며 루틴을 만들었다고 한다. 퇴근 후 밤 11시부터 새벽 2시까지 나만의 시간을 갖자고 생각했고, 이 시간만은 오로지 나의 시간이고 무엇인가 해보자고 했던 게 책쓰기였다고 한다. "한 개부터 시작해라."라는 차인표 씨 말에 용기를 얻어, 자신의 마음을 대변해 주고 나 스스로 치유 받을 수 있는 글을 쓰기 시작했다는 것이다.

그렇게 8년간 써온 글을 모아 첫 출간을 했다. 지금 그는 직장인이지만 부업은 작가로서 활동하고 있다. 회사만 다녀도 피곤한데 직장과 부업을 동시에 하면서 밸런스를 맞추는 게 쉽지는 않다고 한다. 이런 게 가능한 것은 하겠다는 생각, 의지가 있어야 한다. 보통 직장인들은 시간이 없다, 피곤하다는 이유로 아무것도 하지 않는다. 그러나 그 와중에도 시간을 쪼개고 삶에 도전하며 무언가를 배우려는 사람들도 많다. 이런 사람들에게는 '성장'이라는 열매가 기다리고 있다. 이런 부류의 직장인으로 사는 것은 관객이 아니라 주인공으로 사는 삶이다. 모든 것은 '처음 작은 것부터 시작하면' 된다.

책을 쓴다는 것은 자신의 과거, 현재, 미래의 모든 것을 책으로 담아내는 일이다. 이는 연극에 있어서 관객이 아니라 자신이 직접 주인공이 되는 일이다. 책 쓰기는 자신이 배우고 경험한 것에 대해 생각하고 사색하고 검증하게 해주는 선순환의 효과가 있다. 나는 무언가를 제대로 알고 싶을 때 책을 쓰면 가능하다고 생각한다. 책을 쓰다 보면 내가 무엇을 알고 무엇을 모르는지가 명확히 드러난다. 집필 과정에서 나 또한 배워가는 것이다. 책을 쓴다는 것은 지식과 생각의 상호작용이다. 그런 점에서 지식을 기반으로 생각하는 공부가 바로 책쓰기 과정이다. 그 과정을 통해 세상에 없는 전문가가 탄생하게 되고, 최고의 자기계발이 가능하게 된다.

나는 책을 쓰기 시작하면서 과거의 삶을 되돌아보며, 나를 치유할 수 있었다. 그리고 삶을 돌아보는 과정에서 놀라운 사실을 발견했다. 그동안 자신도 모르게 수많은 짐들을 짊어진 채 살아왔던 것이다. 그 짐이 너무 무거워 고통받으면서도 내려놓지 못하고 지금까지 살아왔다. 책을 쓰면서 그 무거운 짐들을 하나둘씩 서서히 내려놓기 시작했다. 한 줄씩 써 내려갈 때마다 신기하게도 무거운 짐들이 하나씩 떨어져 나가고 있었다. 책을 쓰고 난 뒤에는 지금까지 짊어지고 있던 모든 짐들이 사라지는 느낌을 받았다. 그동안 들러붙었던 응어리들이 이슬처럼 사라지며 승화되는 기분이었다.

이건 내가 대단하거나 특별한 사람이라서가 아니다. 평범한 직장인 누구라도 책쓰기의 과정을 경험할 수 있다. 하루 1시간 혹은 30분만이라도 투자해 매일 꾸준히 쓰는 것이다. 매일 쓴다는 것은 큰 힘과 마법이 따라온다. 지속하게 해주는 습관은 직장인이면 누구나 가지고 있다. 과거에는 학위를 따고, 자격증을 취득한 전문가가 책을 쓰고, 일반 직장인이 전문가의 노하우를 배우고 감탄했다. 하지만 이제는 이 역할 분담의 질서가 바뀌었다. 비전문가도 책을 쓰면 전문가로서 주인공이 될 수 있다. 책 쓰기를 통해 전문가가 된 사람은 학위와 자격증을 통해 전문가가 된 사람보다 더 큰 영향력을 발휘한다.

무엇보다 책 쓰기는 미래를 위한 준비이기에 꼭 도전해보길 권한다. 책 쓰기는 '나'라는 브랜드가 그동안 쌓아온 것들을 가장 잘 보여

줄 수 있는 도구다. 글쓰기를 잘하는 사람만이 도전하는 것이 아니란 점도 내겐 큰 위안이 되었다. 팔굽혀펴기 한 개에서 시작한 것처럼, 하루 한 페이지 혹은 1시간의 투자가 지속된다면 1년 후에는 상상할 수 없는 일이 펼쳐질지도 모른다.

Chapter 05

내 삶에서 소중한 것들 :
경제, 건강, 즐거움, 일, 가족과 친구

앞으로 내 삶의 목표는 '경제적인 문제로부터 자유롭고, 건강하고 즐겁게 지내며, 하루 6시간 창의적이고 가치 있는 일을 하는 것'이다. 그리고 '가족, 친구들과 좋은 관계를 맺으며 사는 것'이다. 앞으로는 내가 알고 있는 것, 깨달은 것을 많은 사람과 공유함으로써 세상이 좀 더 좋아지는 데 기여하고 싶다. 이것이 나의 삶의 목적이자 사명이기 때문이다. 이것은 어느 순간 완성되는 것이 아니라 평생 추구하고 달성해야 하는 과업이다. 나의 역할이 세상에 도움이 된다면 얼마나 행복할까. 사람에게는 나 혼자만이 아닌 다른 사람들의 행복까지 생각하는 목표가 필요하다고 생각한다. 이러한 목표를 달성하기 위해서는 경제적인 자유가 전제되어야 한다. 이런 삶의 목표야말로 개인을 넘어 사회로, 물질을 넘어 영혼으로 승화될 수 있다.

이제부터 내가 중요하게 생각하는 삶의 가치들에 대해 간단히 설명해볼까 한다.

위기가 닥쳐도 감당할 수 있는 정도의
돈은 있어야 한다

노후에 가장 중요한 것은 건강 다음으로 경제적인 부분이다. 나는 일찍이 준비한 덕분에 앞으로 어느 정도 경제 문제로부터 자유로울 수 있게 되었다. 이는 직장생활을 하며 재무적으로 3중의 안전장치를 해놓았기 때문이다. 직장생활에 따른 연금수입과 투자에 따른 비근로 수익이 발생되고 있다. 물론 질병, 사고 등의 예기치 못한 변수가 있긴 하다. 그러나 이런 리스크들을 안정적으로 잘 관리하면서 큰 욕심을 부리지 않는다면, 정신적으로 여유 있는 삶을 살 수 있을 것이다. 경제적으로 자유로워진다는 것은 미래를 준비하는 데 있어 한층 더 괜찮은 생각을 하게 해준다. 나 역시 미리 준비하지 못했다면 지금쯤 책 쓰기나 진짜 하고 싶은 일을 하는 인생 2막을 준비하기보다는 '이제부터 어떻게 먹고 살까' 하는 생각에 밤잠을 설치고 있을 것이다.

몸과 정신건강을 챙기며 살아갈 것이다

돈보다 중요한 것이 바로 건강이다. 건강을 잃으면 아무것도 할 수 없다. 담배는 지금처럼 피우지 않고 살 것이며, 그동안 스트레스 때문에 종종 마시던 술도 특별한 날을 제외하곤 최대한 줄이려고 한다. 매일 운동을 하며, 채식을 위주로 가급적 적게 먹고 아침에는 체조와 명상으로 하루를 시작한다. 지금도 아침 4시에 기상하여 국민체조와 10분 명상을 한다. 명상은 얻어야 하는 것에 집중하지 않고, 비우고 버려야 할 것에 집중한다. 버리면 현재 상황을 직시하고, 사소한 일에 예민하게 반응하지 않고 침착한 태도를 유지하는 데 도움이 된다. 명상을 하면 한 걸음 뒤로 물러난 목격자의 관점을 갖게 해준다. 생각에 사로잡혀 휘둘리는 대신 일정한 거리를 두고 나 자신을 관찰할 수 있다. 짧지만 이 시간을 통해 마음의 안정을 찾고 하루의 일을 시작한다. 이러한 습관은 평생 가지고 갈 나의 자산이다.

그리고 매년 한 번씩 정기적으로 단식을 할 계획이다. 나는 10여년 전 강원도 횡성 개인 가정에서 단식을 한 적이 있다. 8일간 물만마시며 한 단식으로 고질적인 속병을 깔끔히 치료했다. 당시 경험한단식은 병을 다스리고 몸을 쉬게 해주는 효과가 있었다. 아무것도먹지 않으면 큰일 날 것 같다고 생각하는데 전혀 그렇지 않다. 3일정도 지나면 먹지 못하는 고통은 사라지게 되고, 5일 정도 지나면 몸속에서 지방을 태우기 시작한다. 그 때문인지 몸에서 악취가 심했지만 그 시기가 지나자 거짓말처럼 몸이 가벼워지고 정신도 한결 맑아졌다. 단식 기간 중에는 생각한 만큼 몸무게가 크게 빠지지 않았다. 대신 먹고 배설하는 것이 없기 때문에 사색하는 시간이 많았다. 그때 인생, 삶에 대한 생각을 많이 했다. 돈, 명예, 식욕 같은 물질적인 욕심이 모두 부질없다는 생각이 들었다. 먹지 않고, 싸지 않으면 욕심도 필요 없다는 것을 그때 알았다.

소확행으로 즐겁고 행복하게 살고 싶다

퇴직 후 가장 힘든 것은 외롭고 우울한 것이라고 한다. 직장과 가정에서는 역할에 충실하다 보면 자신의 취미를 생각할 여유가 없다. 나이 들어 자녀들은 독립하고 남아도는 시간을 어떻게 보내야 할지 막막하다. 매일 즐겁다고 하는 사람은 몇 안 된다. 만약 매일 즐겁다는 마음을 가진 사람들도 1년이면 즐거움이 사라지고, 퇴직 후 허무감과 고독함이 몰려온다고 한다. 이는 나를 즐겁게 할 취미가 무엇인지 직장 다닐 때부터 찾아서 시작해야 하는 이유다.

나는 나만의 소확행(소소하지만 확실한 행복)을 즐기며 행복하게 살고 싶다. 나는 식물 키우는 것을 좋아한다. 하루하루 커가는 것을 보면 기분이 좋다. 나의 성장을 보는 것 같기도 하다. 산책도 좋아한다. 머리가 복잡할 때는 걸으면 생각이 깨끗이 정리된다. 여행도 좋아한다. 여행은 나에게 생기를 불어 넣어준다. 시간이 날 때마다 여행을 다닐 생각이다. 비행기를 타는 것도 좋다. 그래서 일본에도 자주 갈 생각이다. 주재원 생활과 유학 생활을 일본에서 해서 그런지 익숙하고 편안하다. 예쁜 북카페를 찾아다니는 것도 좋아한다. 브런치를 먹으며 작가로 글을 쓰는 내 모습을 상상하는 것만으로도 행복하다.

하루 6시간 창의적이고 가치 있는 일을 하고 싶다

매일 새벽 2시간씩 독서와 글쓰기를 하려고 한다. 이 시간은 나 자신을 돌아보는 자기 성찰의 시간이 될 것이다. 나는 평소 글쓰기를 전혀 하지 않은 상태에서 처음 책을 내게 되었다. 그래서인지 글쓰기는 매일 일정한 분량을 써야 하는 작업으로 다소 고통스럽기도 했다. 하지만 자신을 녹슬지 않게 연마하는 도구로 독서와 글쓰기만 한 게 없다. 독서와 글쓰기는 나이와 관계없이 죽기 전까지 할 수 있는 것이기도 하다. 노년에 홀로 남을 경우에도 자신과 대화를 하며 외로움을 달랠 수도 있다. 나는 매년 1권의 책을 출간할 예정이다.

오전 4시간은 창의적이고 가치 있는 일을 할 것이다. 사람들이 건강하고 안전한 삶을 살아갈 수 있도록 돕는 것이다. 이를 위해 '재난 안전'을 테마로 나만의 창의적이고 독창적인 콘텐츠를 만들 것이다. 이를 기반으로 사회적기업을 운영하며, 다양한 콘텐츠를 만들어 표출하고, 대중과 만날 것이다. 유튜브, 인스타 등 SNS 활동을 꾸준히 하여 많은 사람들과 소통하고 싶다. 나 자신이 '재난 안전'으로 퍼스널브랜딩되어 글 쓰는 삶을 꿈꾸며 작가, 강사 등으로 여생을 보낸다면 더할 나위 없이 꽉 찬 삶이 될 것 같다.

가족, 친구들과 좋은 관계를 맺으며 살고 싶다

나는 '행복한 아버지'이자 남편으로서의 역할을 하며 살아갈 것이다. 그러기 위해 첫째, 가정을 경영하는 CEO로서의 아버지가 될 것이다. 행복한 가정을 만들기 위해서 방관자가 아닌 책임자로서 가족들과 모든 대소사에 함께할 것이다. 둘째, 아내를 존중하는 수평적 파트너로서의 남편이 될 것이다. 아내를 사랑하고 존중하며, 서로의 차이를 이해하고 인정하는 남편이 되도록 노력할 것이다. 셋째, 친구 같은 아빠, 친구로서의 아버지가 될 것이다. 지시하고 명령하는 아버지가 아니라 아이의 입장에 서서 아이를 이해하려고 노력하는 친구 같은 아빠가 되는 것이다. 마지막으로 자녀의 성장을 지원하는 코치로서의 아버지가 될 것이다. 일방적인 훈계나 지시가 아니라 자녀가 스스로 성장할 수 있도록 아이들의 재능과 능력을 끌어내주는 코치의 모습이 그것이다. 그러기 위해서는 아이들의 자존감과 도덕적 품성을 길러주고 적성과 소질에 맞는 역량을 키워주는 아버지가 되어야 한다.

관계 중심의 삶을 살고 싶다

대인관계는 앞으로 '넓게'가 아니라 '깊게' 가져가고 싶다. 가급적이면 술자리나 소모성 만남은 줄이고, 마음을 나누는 사람과 친밀도를 높이는 시간을 늘려갈 계획이다. 나와 가장 가까운 친한 사람들과 관계를 유지하고 심화하는 것이다. 은퇴 후 노후를 함께 갈 친구와 주변 지인이 중요하다. 나와 가장 가까이 있는 그분들과 더 깊이 사귀는 것이다. 친구는 자신이 고독할 때 가족보다 먼저 찾는 경향이 강하다. 노후에는 혼자만의 시간을 보내면서 친구와 어울리는 것이 주된 관심사가 된다. 가족이나 친구 공동체가 잘 연결된 사람일수록 행복감이 높고 건강하게 오래 산다는 연구결과도 있다. 무엇보다도 나와 가장 가까운 네트워크인 친구 관계를 유지하고 발전시키기 위한 각별한 노력을 기울일 것이다. 그 동안 사이가 뜸해진 친구가 있다면 내가 먼저 다가가 손을 내밀 것이다.

Chapter 06

자기주도 직장생활에
도전하는 후배들에게

도전은 누구나 두렵다. 그럼에도 불구하고 용기를 내는 이들은 어떤 생각을 가지고 있을까? 실패는 후회나 추억이 될 수는 있지만 도전하지 않은 것은 후회는 되어도 결코 추억이 될 수는 없다.

나는 정년 3년을 남겨놓고 퇴직을 결정했다. 회사에 입사하여 여러 부서에서 많은 사람들을 만났고 다양한 업무를 해보았다. 나의 직장생활을 돌이켜 보면 좋은 기억으로 남아 있는 사람이 있기도 하고, 그렇지 않은 사람들도 있다. 일에 있어서도 내가 잘한 것도 있고 후회되는 것도 있다. 그러나 무엇보다 직장생활에서 가장 잘했다고 여겨지는 건 진짜 하고 싶은 일을 열정적이고 도전적으로 했다는 사실이다. 어쩌면 회사에서 근무한 시간은 내 삶에서 가장 귀중한 시간이었을지 모른다. 이런 생각은 아마도 퇴직이 다가왔을 즈음에야 느끼게 되는 것 같다.

이 시점에 나는 걸어온 길을 돌아보며 스스로 칭찬하고 싶은 것과 아쉬움이 남는 후회되는 일을 정리해보았다. 나와 비슷한 시기에 있다면 한번 정리 해보기를 추천한다. 물론, 아직 직장에 다니는 경우라 해도 좋다. 지난날을 되돌아보며 중간 점검을 해보는 것도 좋은 방법이다.

나에게 칭찬할 점

칭찬 1) 직장인 재테크로 안정적인 경제력을 갖춘 것

나는 입사 때부터 경제력이 있어야 자신감을 가질 수 있다고 믿었다. 그래서 열심히 학습하고 투자해서 직장인에게 맞는 레버리지를 활용한 부동산에 장기투자했다. 그리고 회사에서 권장하는 각종 연금저축과 우리사주 등에 장기투자했다. 30여 년이 지난 지금 근로소득보다 많게 비근로소득으로 매달 안정적인 수입을 얻고 있다. 직장생활을 할 때도 그러했지만 퇴직을 앞둔 시점에 생각해보니 경제력이야말로 정말 힘이고 자신감이다. 이를 바탕으로 퇴직 후 인생 2막은 돈보다도 가치 있는 일로 설계할 수 있게 되었다.

모든 직장인들이 정말 열심히 일하고 있지만, 재테크를 위해서도 노력해야 한다고 생각한다. 나는 노력도 안 하고 돈이 필요 없다고 하는 사람, 돈을 불리는 방법을 찾지도 해보지도 않고 포기하는 사람들은 경계해야 한다고 생각한다. 그런 사람이라면 재테크를 할 의지가 없고, 실천력도 없는 사람이기 때문이다. 주위를 둘러보면 재테크를 하지 못한 직장인이 정말 많다. 지금 가난해도 행복하다고 이야기하는 사람들도 있다. 하지만 어느 정도 돈이 있어야 행복도 따라온다. 그리고 써야 할 곳이 생기면 적당히 쓰면서 살아야 행복이 찾아온다. 돈과 행복 중에 하나라도 없다면 사는 게 힘들다. 그렇다고 돈을 목적으로 살라는 것은 아니다. 돈의 목적은 행복이어야 한다. 여러분들도 직장인에 맞는 재테크로 부와 행복을 얻기 바란다.

칭찬 2) 업무개선 아이디어로 사내벤처 창업에 도전한 것

나는 2002년부터 2021년까지 20년이란 오랜 세월 동안 사내벤처 창업이라는 하나의 길에 집중하고 몰입했다. 비록 사업화까지 성공하지는 못했지만 후회는 없다. 결과적으로는 사업화 추진 경험에 머물렀지만, 이 과정은 30년 직장생활 중 20년이라는 시간의 의미 있는 역사가 되었다. 오랜 기간 몰입한 결과로 나는 사업가 DNA를 가지게 되었다. 이러한 영향으로 지금도 후배들을 만나면 나는 "어디든 꽂히는 곳이 생기면 몰입해보라."고 자신 있게 조언한다.

사업화를 추진하는 과정은 생각보다 험난한 일들도 많았지만 순기능 측면도 많았다. 특히 나는 회사업무를 대하는 태도가 바뀌었다. 언제나 사업가 마인드로 접근하다 보니 적극적인 사람이 되어갔다. 매 순간 어떻게 하면 비용을 줄이고 고객들에게 기쁨을 줄 수 있을까 하는 아이디어가 샘솟았다. 사업은 돈을 버는 것이 목적이기 때문에 강력한 욕망이 생기고 동기가 부여되었다. 또한 투자를 할 때도 도움이 되었다. 오너 마인더로 투자 대상을 분석할 수 있기 때문이다. 사내벤처에 도전한 것은 나의 진취적인 마인드의 기반이 되었다. 직장에서 이런 기회를 놓치는 건 삶에 있어서 큰 경험을 놓치는 것과 같다.

칭찬 3) 직장인 학교 공부로 박사학위를 취득한 것

나이 50에 늦깎이 학생으로 시작한 공부는 커다란 부담감으로 다가왔다. 하지만 끝까지 포기하지 않고 혼자 힘으로 어려운 과정을 마쳤기에 큰 보람을 느낄 수 있었으며 가슴이 벅차올랐다. 연구를 위해 유학을 갔던 것도 기억에 남는다. 나는 학창 시절부터 꿈꾸어 오던 유학 생활은 정말이지 행복한 시간이었다. 다시 그런 기회가 온다면 또다시 유학을 떠나고 싶다.

나에게 박사학위 취득은 나의 인생관을 바꾸는 계기가 되었다. 학위를 취득하기까지의 과정은 내게 학문적 성장뿐아니라 인생에서 배움의 장이 되어준 시간이었다. 대부분의 시간을 도서관에서 보냈지만 짬짬이 여행도 많이 다녔다. 주로 혼자 다녔지만 색다른 풍경과 다양한 음식문화를 체험하며 여유 있는 시간을 보내기도 했다. 일반 직장인도 하고자 하는 의지만 있다면 학위는 얼마든지 받을 수 있다. 국내에서 주말반 수업도 생기고 프로젝트 수행으로도 학위를 받을 수 있는 환경이 만들어져 있다. 마음먹기에 따라서는 회사 제도나 개인 부담으로 휴직하고 유학도 다녀올 수 있다. 박사학위를 받으면 좋은 점으로 여러 가지가 있다. 세계적으로 인정해주는 자격증으로 교수나 연구자가 될 수 있다. 가문의 영광으로 죽어서도 비석에 박사로 새겨진다고 한다. 또한 한국연구재단에서 시행하고 있는 각종 프로그램에 지원해서 다양한 혜택을 받을 수도 있다. 이 외에도 많은 혜택이 있다.

칭찬4) 직장 경험을 살려 나의 꿈을 찾고 인생 2막을 준비한 것

나는 직장에 다니며 학위를 받았고, 연구를 위해 2년간 일본에서 유학을 하였으며, 이때 후쿠시마 원전 사고를 당한 주민들의 재난 극복 과정을 직접 체험해보는 시간도 있었다. 회사에서는 안전부문으로 2년 6개월간 산업안전 업무를 경험했으며, 사회에서는 포항시 문화재단에서 주관하는 문화재생가로 활동했다. 그리고 벤처 창업을 하고자 포스텍 체인지업그라운드에 입주했다.

이러한 과정을 통해 나의 인생 2막을 착실하게 준비할 수 있었다. '재난 안전'을 내가 가장 잘 알고 또 잘할 수 있는 내 길로 정의하고, 이 방향으로 포지셔닝했다. 무엇보다 사람들에게 재난 극복 과정과 안전의 중요성을 일깨워주는 가치있는 일을 할 수 있다 생각하니 가슴이 설렌다. 꿈은 꿈으로 끝날 수도 있겠지만 퇴직 후 시작할 일은 '가치 있는 것이어야 한다.'라고 했던 내 생각에 부합되어 만족스럽다. 내가 알고 있는 것, 깨달은 것을 공유함으로써 세상이 좀 더 나아지는 데 기여하는 것은 행복한 일이다.

후회할 점

후회 1) 승진과 같은 직장에서 남들이 하는 수준으로 따라가지 못한 것

나는 직장생활을 나름대로는 열정적으로 보냈다고 생각한다. 하지만 직장인이라면 누구나 중요시하는 승진을 제때 못했다. 여러 가지 이유가 있지만, 기본적으로 해야 할 것들을 너무 경시했다. 12개 부서를 다니며 업무의 전문성이 없었고, 직장상사에 대해서 호불호가 분명해서 맞지 않는 사람과는 다소 불편하게 지냈다. 그리고 목표지향적인 성격으로 내가 하고 싶은 것은 어떻게든 하려고 했다. 이런 이유들로 승진이 늦어지게 되었고, 매년 초 승진 인사 발령이 날 때마다 아무렇지도 않은 척했지만 실은 무척 힘들었다. 입사 동기들과 후배들은 모두 제때 승진을 하는데 나만 무슨 하자가 있는 사람과 같이 뒤처져 갔다.

일하며 자기계발하는 것도 중요하지만 제때 승진하는 것은 정말 중요하다. 이를 위해 보직은 2~3개 이내로 관리하여 직무의 전문성을 확보해야 한다. 또한 회사에서 하라고 하는 것은 모두 해두는 것이 좋다. 인사고가를 잘 받도록 직장상사에 잘 맞춰 지내며, 어학과 IT 점수도 취득하고, 필수교육은 반드시 이수해야 한다. 이러한 것

들은 직장인으로서 반드시 갖춰야 할 가장 기본적인 자세이다. 기본에 충실한 직장생활이 정말 중요하다.

후회 2) 직장 내에서 하는 일을 전문가 수준으로 만들지 못한 것

나는 20여 년 동안 마케팅 업무를 맡으면서, 해외 철강 영업 전문가로 커리어를 쌓았다. 하지만 퇴직 후에도 쓸모 있는 전문가가 되기 위한 진정한 전문가는 되지 못했다. 진짜 전문가가 되려면 해당 업무 관련 책, 논문, 자료를 충분히 읽고, 교육도 별도로 받으며 폭넓은 이해가 있어야 한다. 그리고 책쓰기, 강의, SNS 활동을 통한 메신저가 되는 게 필요하다. 사내에서 전문가라 해도 회사 밖에서 인정받을 수 있다는 보장은 없다. 진정한 '전문가'가 되려면 회사 내에서 충분한 시간을 갖고 전문성을 갖추고 메신저가 될 필요가 있다. 누구나 본연의 업무와 관련한 전문성을 키우면 충분히 전문가가 될 수 있다. 이렇게 준비된 직장인들은 인생 2막을 당당하게 맞을 수 있을 것이다.

후회 3) 배우자와 가족들에게 잘 해주지 못한 것들

나는 배우자와 아이들에게 충분히 잘해준 게 없다. 남편으로서 가장으로서 아버지로서 일반적인 역할은 한 것 같다. 월급 받아 생활할 수 있도록 돈을 주고 학교 다닐 수 있도록 학비를 준 것, 그리고 거주할 집을 마련해 살 수 있게 해주고, 주위 사람들과 친하게 지

내게 해준 정도이다. 하지만, 젊은 시절 가끔 아내와 부딪히는 날들이 있었다. 나는 현재를 희생하여 미래를 준비하길 원했지만, 아내는 현재가 더 중요하다고 해서 부딪힐 수밖에 없었다. 지금 생각해보면 아내와 아이들에게 현재를 중심으로 살지 못한 게 정말 후회된다. 그리고 지금은 고인이 되신 어머니에게도 죄를 지은 마음이다. 일찍이 홀로되시어 우리 형제를 키우시느라 고생만 하시다가 돌아가셨다. 그때 미래가 아니라 현재를 살았다면 좀 더 잘해 드릴 수 있었겠다는 생각이 든다.

너무 목표지향적이고 돈을 목적으로 사는 것은 바람직하지 않다고 생각한다. 살아가는 데 돈이 필요한 것은 맞다. 그러나 어느 정도 부를 쌓은 후에는 적당히 활용하며 사는 것이 중요하다. 그렇게 해야 행복도 돈도 찾아온다. 미래만 보고 살면 행복하지 않은 인생이 될 수도 있다. 미래를 대비하는 것도 좋지만 현재를 사는 사람이 되기를 바란다.

후회 4) 스스로 몰입해서 즐길 수 있는 취미생활이 없는 것

퇴직을 앞둔 나는 외롭고 우울한 날들을 보내고 있다. 한마디로 많은 시간을 보낼 취미가 없기 때문이다. 변명으로 들리겠지만 직장과 가정에서 역할에 충실하다 보니 자신의 취미를 생각할 여유가 없었다. 지금부터는 직장에 나가지 않아도 되니 시간이 많다. 업무 스트레스로부터 해방되었다. 하지만 남아도는 시간을 어떻게 보내야 할지 막막하다. 매일 뭔가를 하지 않으면 불안하다. 먼저 퇴직한 선배들도 비슷한 경험을 하고 있다고 한다. 직장생활과 일에서 갖는 즐거움은 퇴직 후에는 얼마 지나지 않아 사라진다고 한다. 이것은 직장 다니며 혼자서든 누군가와 함께 즐길 수 있는 취미가 없기 때문이다. 이런 게 모두 나의 얘기이다. 그러기에 나를 즐겁게 할 취미를 찾아 직장 다닐 때부터 시작해야 할 필요가 없다.

나의 시간을 의미 있고 즐겁게 채울 수 있는 취미들은 내 삶을 풍요롭게 한다. 여행, 카페 탐방, 글쓰기 등 나 역시 지금부터라도 작은 취미들로 삶을 채워나가려고 한다. 직장 다닐 때 미리 했다면 좋았겠지만, 지금부터라도 괜찮다. 행복을 시작하기에 늦은 때란 없으니까. 여러분들도 다양한 취미를 경험해보고 본인에게 가장 잘 맞는 취미를 찾기를 바란다.

종종 '후배들에게 어떤 이야기를 해주고 싶은가?' 하는 질문을 받을 때가 있다. 그럴 때 나는 거창한 말을 해줄 것이 없다. 대신 위에 정리한 것처럼 나를 칭찬할 수 있는 4가지와 후회되는 4가지를 담담하게 이야기한다. 그리고 이렇게 덧붙인다. 직장생활을 마무리할 때쯤엔 누구든 자신에게 칭찬할 것과 후회할 것을 가지게 되길 바란다고. 칭찬할 거리만 있으면 좋겠지만 우리는 지금 이 순간에도 좌충우돌하며 한 치 앞을 모르는 미래를 향해 걸어가고 있으니까. 대신, 이 순간을 충실하게 열정적으로 살아낸다면 후회조차도 아름다운 추억이 될 것이다.

무엇보다 중요한 건 누구도 대신 살아줄 수 없는 내 삶, 내 시간을 어떻게 보낼 것인가, 하는 것이다. 내 삶을 스스로 경영한다는 것은 말처럼 쉽지만은 않다. 우리는 무엇이든 처음 부딪히고 경험하며 해내야 한다. 그래서 실수하고 실패할 때도 있지만, 그 속에서 분명 배우는 것이 있고, 그로써 성장하게 된다. 그 성장 동력으로 우리는 더 훌륭한 미래를 준비할 수 있게 된다.

나에게 직장생활은 '일'만 생각한다면 긴 여정이었지만, '삶'으로 생각한다면 짧고 아쉬운 여정이었다. 재테크, 공부, 인간관계, 사업… 등 다양한 것에 도전하고 이루어낸 멋진 시간이었다. 매 순간 열심히 살아온 나에게 칭찬하고 격려해주고 싶다. 그리고 나보다 훨씬 훌륭한 나의 후배들에게, 더 힘내라고 말해주고 싶다. 자신의 삶을 멋지게 경영해서 나보다 행복하고 꽉 채워진, 그러면서도 여유 있고 행복한 미래를 설계해나가기를 항상 응원한다.

처음 이 책을 출간하면서 내가 그럴 자격이 있을까 하는 생각이 들었습니다. 평범한 직장인으로 승진이라는 측면에서는 그다지 성공적인 직장인이라고 부를 수 없기 때문입니다. 게다가 은둔의 고수들이 한둘이 아닌 자기계발 분야에서 뭔가를 아는 척하는 것도 꽤 부담스러운 일이었습니다. 그럼에도 불구하고 이 책을 쓰게 된 것은 많은 직장인들이 과거에 비해 재테크, 공부, 일, 창업, 미래 설계를 하고 있지만, 상대적으로 너무 부족한 정보 속에서 제대로 된 방법이나 동기부여를 받지 못하는 모습이 안타까웠기 때문입니다. 또 자기계발을 하면서도 왜 해야 하는지, 무엇을 할지, 어떻게 할지, 모르고 있는 분들이 많다는 사실이 안쓰러웠습니다. 아무것도 시작하지 못하고, 시작하더라도 지속적이지 못한 것이 무엇보다도 너무 안타까웠습니다. 그래서 책이라는 매체가 아니면 많은 직장인들에게 조언할 기회가 없다고 생각했습니다. 혼자서 품고 살아도 좋겠지만 조금이나마 사회에 기여할 수 있는 부분이 있다면 참여하고 싶다는 바람을 실행에 옮긴 것이기도 합니다.

지난 32년 동안의 제 직장생활의 경험들이 지금도 고군분투하는 직장인들에게 조금이라도 도움이 되길 바랍니다. 사실 이 책은 '누군가에게 도움을 주고, 그들과 함께하고 싶다'는 마음의 표현이기도 합니다. 당장 수많은 직장인들의 삶을 바꿀 수는 없어도, 단 한 명이라도 제 말에 귀를 기울며 직장생활을 하는 사람이 생긴다면, 그 또한 제가 이 사회에 미칠 수 있는 '선한 영향력'이라는 생각이 들었습니다. 이제까지의 제 인생은 흔히 하는 말로 '그냥 평범한 직장인'이었습니다. 혼자 일하고, 혼자 투자하고, 혼자 공부하고, 혼자 사업하고, 혼자 꿈꾸며, 혼자 슬프거나 즐거워했습니다. 그러나 지금부터는 세상 사람들과 소통하며 함께하는 즐거움을 느끼고 싶습니다.

이제 저는 인생 2막을 시작합니다. 그리고 80세, 100세가 되었을 때 지금껏 살아냈던 세월을 자랑스럽게 말하고 싶습니다. "내가 직장을 퇴직할 때쯤에는 말이야, 헤아릴 수 없이 많은 사람과 소통하면서 그들에게 도움이 될만한 이야기를 해주려고 최선을 다했어. 나, 그렇게 이기적으로 살지는 않았지?" 저는 직장에서 허겁지겁 정신없이 살아왔지만, 일에만 파묻히고 싶지는 않았습니다. 본업인 일과 재테크, 공부, 창업, 자신의 꿈에 관해 목표를 설정하고 도전하여 성장하는 사람이 되고자 했습니다. 많은 직장인들도 '일'을 목적으로 직장생활을 하고 있겠지만 이와 병행하여 자신의 꿈을 찾아 성취하는 사람이 되었으면 좋겠습니다.

마지막으로 이 책이 나오기까지 많은 영감을 주시고 격려해주신 분들께 감사드립니다. 재테크 경영에서 이진무 사장님, 박명주 소장님이 계십니다. 공부 경영에서 석사과정을 지도해주신 염재호 총장님, 박사과정을 지도해주신 서승원 교수님, 쯔지나까 교수님, 코마노 일본 원자력학회 회장님, 가나즈 교수님 부부, 고 정규진 교수님, 김영근 교수님, 정병호 교수님이 계십니다. 사업 경영에서 사내벤처에 함께 제안해 주신 오해근 총괄님, 물심양면으로 많은 도움을 주신 고 박한용 사장님, 유성 법인장님, 왕성현 대표님, 이규욱 대표님, 김병욱 상무님, 조영민 상무님, 홍재형 상무님이 계십니다.

직장 내에서 가끔 만나서 술도 마시며 고민 상담도 해주었던 김재열 상무님, 김주안 대표님, 백승철 상무님, 박현수 선배님, 유성진 팀장님, 포스코36기 동기생들, 안전전략사무국의 심종호 상무님, 배근상 상무님, 용가리(임대우, 이주현, 허진)띠 동갑들과 모든 팀원, 그리

266

고 지금까지 나와 함께 근무했던 모든 분들에게 고맙다는 말을 꼭 전하고 싶습니다.

이 책이 나오도록 도움 주신 바이북스 윤옥초 대표님과 김태윤 편집팀장님, 엔터스코리아의 양원근 대표님, 정현미 선생님께 감사드립니다. 그리고 논현동 성당의 민병덕 주임신부님, 강일우 총회장님, 김영호 대부님 부부를 비롯한 비주얼 멤버들에게도 고맙다고 인사 전합니다.

마지막으로 저의 인생에 영감을 주시고 함께 해주신 박영근 대부님, 장인장모님, 양호영 누님 부부, 이종진 상무님 부부, 친구 권세용, 김병삼, 적십자 동기들, 혼수상태 친구들, 두라모임 선후배들, 포항문화재생활동가들에게 감사드립니다. 지금은 고인이 되셨지만 자신의 모든 것을 아낌없이 주시며 나를 키워주신 어머니와 어렵고 힘들던 시절에도 항상 함께 해준 가족인 아내 최성하, 태민, 태익에게 무한한 사랑의 마음을 전합니다.